ぽかぽか「しょうが」をたっぷり食べて、おいしく健康な毎日を

ピリッとした辛みとさわやかな香りで、料理やお菓子・ドリンクをおいしくしてくれる「しょうが」。生のしょうがには殺菌・消化促進・血行促進効果などがあったり、加熱・乾燥させたしょうがには、体をぽかぽか温めてくれる効果があったりするなど、体にうれしい薬効もたくさん持っています。中国では古くから家の庭先で栽培され、葛根湯などの多くの漢方薬にも含まれるなど、身近な「薬」として愛用されてきました。

本書では、雑誌『現代農業』『うかたま』などの記事の中から、農家をはじめ、料理家、研究者のみなさんに教えてもらった、しょうがの活用法を紹介しています。しょうがをたっぷり使ったスパイシーな料理、体も心も温まるしょうがドリンク、自分好みのジンジャーエールがつくれるジンジャーシロップなどのレシピや、しょうがの健康機能性、体の痛みを和らげるしょうが湿布などの自然な手当てまで、しょうがの魅力が丸ごとわかる、充実の内容です。

併せて、しょうがと同じ「ショウガ科」の食材、「みょうが」と「うこん」の活用法もまとめました。ショウガ科の植物は熱帯出身で、身を守るために、根茎などに抗酸化物質などの薬効成分を貯め込みます。どれも「体によい」ありがたい食材です。「みょうが」の葉には抗菌作用があり、花みょうがの辛み成分には美白効果も。「うこん」は、お酒の悪酔いを防ぐ効果が注目されていますが、沖縄では家庭の常備薬として庭先で大切に育てられ、風邪のときや、ちょっと体の調子が悪いときなどにも飲まれています。

それぞれの食材の育て方のコツも掲載しました。ぜひ気軽に育てて、おいしく健康で楽しい毎日をおすごしください。

2024年1月

一般社団法人　農山漁村文化協会

目次

（本書に掲載されている記事の内容、および執筆者・取材対象者の姓名・所属先・年齢等は記事掲載当時のものです。）

しょうが
を食べる

しょうがをスープや鍋に入れると、体がぽかぽか温まります。
生のしょうがは、肉をやわらかくしたり、魚の臭みをとってくれます。
お菓子や飲み物の隠し味にも大活躍。
そんな魅力いっぱいのしょうがの多彩な使い方を紹介します。

しょうがって どんな植物？

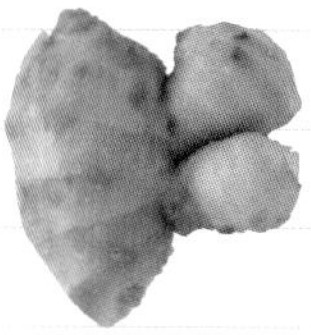

ひねしょうが

囲いしょうがとも。収穫してから低温高湿度の場所で２～３カ月寝かせたもの。水分が飛んで辛みが増している。1年中出回る(写真＝長野陽一、新しょうがも)

新しょうが

収穫したばかりのしょうが。繊維がやわらかく辛みが少ないので、生で食べたり大きめに切って使える。夏～秋に出回る。

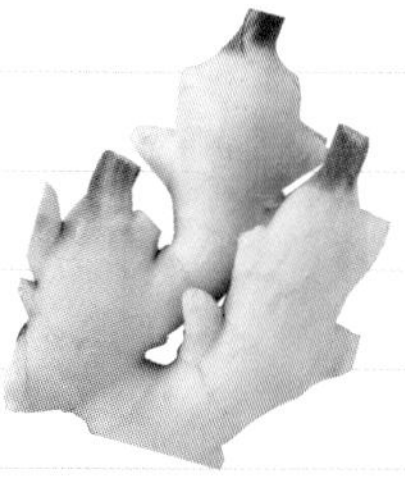

ここがすごい！

- 生のしょうがには抗菌・殺菌作用がある
- 加熱すると血行をよくして体を温める
- 疲労回復、食欲増進に役立つ

DATA

分類：ショウガ科ショウガ属

原産地：インドからマレー半島にかけてのアジア南部

香り・栄養成分など：さわやかな香りはシオネールという成分で、食欲増進や疲労回復、夏バテ解消に役立つといわれている。辛みの主成分であるジンゲロールは、魚や肉などの臭みをとる消臭作用や細菌の増殖を抑える強い抗菌作用がある。ジンゲロールを加熱するとショウガオールに変化する。この成分は血行をよくして、体を芯から温める。

食べ方・利用法：薬味や調味料として多くの料理に使われるほか、甘酢漬け、お菓子の材料、しょうが湯やジンジャーエールなどの飲料にも使われる。

とれる時期

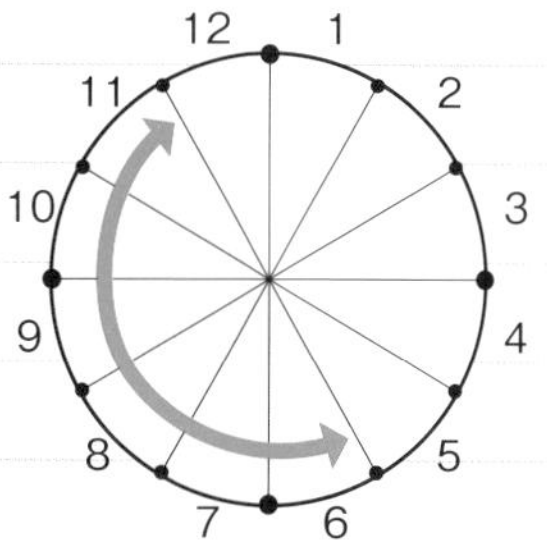

葉しょうが（小しょうが）は6～8月､根しょうが（大しょうが）は9～11月

しょうがはこういう大きな塊を切り分けて販売している。写真の品種は「オガワウマレ」(小田陽助さん育種、写真＝赤松富仁)

葉しょうが

夏に葉付きのまま若どりしたもの。谷中しょうがが有名。やわらかくさわやかな香りで、生のままかじれる（写真＝小倉かよ）

しょうが産地のお母さんに習う

しょうが料理と保存食

＼ ぜひつくってみてね！ ／

やわらかく辛みの少ない秋の新しょうがと
辛みとうまみが増したひねしょうが。
それぞれの特徴を生かした
おいしくて奥深いしょうが料理を紹介します。

料理=山梨県南部町生活研究会「すみれの会」（p8 上：佐野孝子、
p8 下：木村幸子、p9 上：佐野由美子、p9 下：栗田恭子）
写真=長野陽一
協力=（一社）日本調理科学会、「日本の家庭料理」山梨県著作委員会
文=編集部

（左）栗田さんが5月に植えた種しょうがを抜くと、小さなピンク色の塊茎（新しょうが）がついていた／（上）栗田さんの畑。山に囲まれた南部町ではサルなどの獣の被害が多く、ネットを張って野菜を守っている／（右）すみれの会のしょうが料理。しょうがの佃煮を使ったおやき（右下）やピザ（左下）もある。そのほかの料理は8、9ページ参照

新しょうがの旬は秋

今回、しょうが料理を教えてくれたのは、山梨県南部町の生活研究会「すみれの会」のみなさん。県最南端に位置し、温暖で雨の多い南部町は、東南アジア原産のしょうがが育ちやすいのか、昔から栽培が盛んな場所だ。以前に比べると生産者は減ったが、今も家庭菜園でつくっている人は多い。すみれの会の栗田恭子さんもその一人。

しょうがを植えて1カ月ほどたった栗田さんの畑では、青い葉が膝丈ほどまで伸びていた。「収穫できるのはお盆以降かしら。新しょうがは秋が旬なのよ」と栗田さん。新しょうがは夏のイメージが強いが、それらは大体がハウスなどで促成栽培されたものだ。南部町はほとんどのしょうがを露地で栽培しており、5月に植え付けたしょうがは8月末から順次収穫される。地元の唄*に「生姜できたら／赤い帯を買って／秋の祭りの／一夜さ踊ろ」という一節があるくらい。南部町ではしょうがは秋の風物詩なのだ。

しょうがをとことん使う産地の知恵

すみれの会では、地元のしょうがを使い、さまざまなレシピを考案。この日出していただいたのは、新しょうがの天ぷらや佃煮、甘酢漬け、シロップなどの保存食。しょうがの佃煮を使ったピザやおやきといったユニークな料理も。しょうがの量も半端ではなく、産地ならではだ。

「新しょうがはやわらかくて辛みが少ないから食べやすいの」と話すのは佐野さとえさん。そして、使いきれない分はさまざまな形で保存しておく。

「シロップにしておけば飲み物にも煮物にも使えて便利でしょ。残ったしょうがもしょうが糖にすれば、いつでも食べられる」と栗田さん。収穫してしばらくたったひねしょうがも細かく刻んで使ったり、干してから粉にして保存したりする。さらに、しょうがの葉は冷蔵庫に入れておけば消臭剤にもなるという。「しょうがは本当に捨てるところがないわね」

*南部町（旧富沢町）で歌い継がれている「富沢小唄」。

新しょうがの天ぷら

さっぱり味でぱくぱく食べられる

〈材料〉 5人分

新しょうが…100g（細切り）

┌卵…1/3個
│水…大さじ2と2/3
└小麦粉…1/3カップ

揚げ油…適量

〈つくり方〉

1　溶き卵と水を混ぜて小麦粉を加えてさっと混ぜ、衣をつくる。しょうがを入れて木べらで適量にまとめる。

2　油は180℃に温め、木べらから滑らせるように入れる。カラッとなるまで揚げる。

◎桜えびや玉ねぎと一緒にかき揚げにしてもよい。

うどんと一緒に
食べるとおいしい

しょうがとくるみの佃煮

甘めの味つけで辛みが丸くなります

〈材料〉 つくりやすい分量

しょうが（新しょうがでもよい）…500g（薄切り）

昆布…50㎝長さ（50g）

干し椎茸…15個（30g）

┌黄ザラメ*…1カップ
│みりん、酒、醤油…各1/2カップ
└酢…大さじ2

かつお節…50g

くるみ（ロースト）…100g

あれば山椒の葉（または粉）…適量

＊黄ザラメを使うことでコクと風味が出る。普通の砂糖でもよい。p9のしょうがシロップも同様。

〈つくり方〉

1　しょうがを熱湯にさっと通し、ザルにあげて水を切る。

2　昆布と干し椎茸を水で戻す（戻し汁はおいておく）。昆布は一口大に、椎茸は薄切りにする。

3　鍋に**1**、**2**と戻し汁2カップ、かつお節と調味料を入れる。落とし蓋をして約30分弱火で煮る。汁気がなくなったらくるみを加え、さっと混ぜて火を止める。山椒の葉を散らす。

◎p6の写真のようにピザやおやきの具にしてもよい。
◎小分けで冷凍しておくと便利。冷蔵庫で1カ月間ほど保存可能。

新しょうがの甘酢漬け

新しょうがの色と香りを楽しむ一品

〈材料〉つくりやすい分量
新しょうが…200g（薄切り）
砂糖…1カップ
酢…1カップ

〈つくり方〉
1　しょうがを熱湯にさっと通す。ザルにあげて水を切り、ビンなど耐熱の保存容器に入れる。
2　鍋に砂糖と酢を入れて火にかけ、砂糖を溶かす。熱いうちに**1**に注ぎ入れる。1日目から食べられる。

◎ちらしずしに混ぜたり、ほかの野菜と一緒に酢の物にして使う。
◎冷蔵庫で1年ほど保存可能。

しょうがシロップとしょうが糖

たっぷりつくって飲み物や煮物に使います

〈材料〉つくりやすい分量
しょうが（新しょうがでもよい）
　…約8かけ（150g）（薄切り）
黄ザラメ…500g
水…2と1/2カップ
レモン果汁…大さじ2

〈つくり方〉
1　しょうがを熱湯にさっと通し、ザルにあげて水を切る。
2　鍋に黄ザラメと水を入れて火にかけ、煮立ったら**1**を入れる。落とし蓋をして中火で30～40分煮る。
3　レモン果汁を入れて混ぜる。ザルで濾し、シロップのできあがり。ビンなどの保存容器に入れる。
4　濾して残ったしょうがは鍋に入れて弱火にかける。焦げそうなときは鍋を火からおろす。木べらでかき混ぜ続け、水気が飛んだら、しょうが糖のできあがり。

◎シロップはお湯や炭酸水で割って飲む。しょうが糖はそのまま食べてもおいしい。シロップもしょうが糖も紅茶や番茶に入れて飲んでもよいし、煮魚やしょうが焼きなどに臭み消しや甘みづけとして入れてもよい。
◎どちらも冷蔵庫で1年ほど保存可能。

刻んだしょうが糖をもちにつきこんでもおいしい

コウケンテツさんに教わる しょうがのおかず

日々の食事に「しょうがは欠かせない」と話すコウケンテツさん。しょうがをたっぷり使うからおいしくてご飯が進むボリューム満点のおかずを教わりました。

料理・レシピ・スタイリング＝コウケンテツ
写真＝長野陽一

しょうがチキン

香ばしいしょうがの素揚げとピリッと辛いしょうがだれがチキンの味をガツンと決めます

〈材料〉2人分
鶏もも肉…小2枚
A ┌醤油、酒…各大さじ2
　 └しょうが…1かけ（すりおろし）
しょうが…薄切り8枚
片栗粉、揚げ油…各適量

【しょうがだれ】
しょうが…1かけ（みじん切り）
万能ねぎ…1～2本（小口切り）
ごま油…小さじ1
醤油…大さじ1
砂糖…小さじ1/2

〈つくり方〉
1　鶏肉は大きめの一口大に切る。Aをもみこんで10分ほどおき、片栗粉を薄くまぶす。しょうがの薄切りは水気を拭く。しょうがだれの材料を混ぜる。
2　揚げ油を中温に熱し、しょうがを入れて、さっと揚げてとり出す。続けて鶏肉を入れ、4～5分ほど揚げて油を切る。少しおいて休ませると余熱で中まで火が通る。
3　器に**2**を盛ってしょうがだれをかける。
◎しょうがを揚げた油で鶏肉を揚げるとしょうがの香りが肉に移る。

牛肉の新しょうが焼き

新しょうがは野菜感覚でたっぷり使って
食感も楽しいさっぱり味の牛肉炒め

〈材料〉2～3人分
牛切り落とし…200g

【たれ】
醤油、みりん…各大さじ1と1/2
砂糖…小さじ1
酒…大さじ3

新しょうが…100g（細切り）
わけぎ…2～3本
塩、粗びき黒こしょう…各適量
植物油…大さじ2
赤唐辛子…1本

〈つくり方〉
1　牛肉はたれの半量をもみこんで10分ほどおく。わけぎは4cmほどのぶつ切りにする。
2　フライパンに油を熱し、牛肉をさっと炒める。肉の色が変わったらヘタと種をとった唐辛子としょうが、わけぎの根元の部分を加えてさらに炒め、油がなじんだら残りのたれとわけぎを加えて炒め、塩、こしょうで味をととのえる。

新しょうがもひねしょうがも、加熱せずに薄切りやすりおろして使う場合や茶色くなっている部分があるときは、皮をスプーンでこそぐとムダなく手早くむけます。加熱する場合は、皮をむかずによく洗って使います。

鯖と新しょうがの南蛮漬け

ふっくらジューシーな鯖のから揚げに
香り豊かな新しょうがと南蛮だれがよく合います

〈材料〉2人分
鯖の切り身（三枚おろし）…小1尾分
小麦粉、揚げ油…各適量
新しょうが…80ｇ

【南蛮だれ】
だし汁…1カップ
酢…80㎖
砂糖…大さじ3と1/2
醤油…大さじ2
塩…少々

〈つくり方〉
1　鯖は1切れを4つのそぎ切りにし、塩、こしょう（各分量外）をふる。新しょうがは皮をこそげとり、繊維にそってできるだけ薄く切る。
2　鯖に小麦粉を薄くまぶし、中温の油でからりと揚げ、油を切る。
3　鍋に南蛮だれを煮立てて火を止め、新しょうがを加えてサッと混ぜる。皿に盛った**2**に新しょうがをのせてたれを全体にからめて粗熱をとる。
◎鯖の身をしょうがで巻いて一緒に食べるとおいしい。冷蔵庫で冷やしてもよい。

いわしのたっぷりしょうが蒸し 香菜だれ

魚臭さを消し、うまみを引き出す
香港の水上生活者の調理法をヒントにした蒸し料理

〈材料〉3～4人分
いわし…10尾
しょうが…3かけ分（せん切り）
酒…1カップ
塩…小さじ1
香菜（パクチー）…3～4本

【たれ】
醤油、ナンプラー、酢、水…各大さじ1
しょうが…1かけ（すりおろし）
砂糖…小さじ1/2
長ねぎ…10cm長さ（みじん切り）

〈つくり方〉
1　いわしは頭を落として内臓をとり、よく洗って水気を拭き、塩をまぶす。腹にせん切りのしょうがの半量を詰める。香菜の茎はみじん切りにしてたれと混ぜる。葉は3～4cmに切る。
2　フライパンにいわしを並べて酒をふり、残りのしょうがを散らして蓋をして7～8分ほど蒸す。蒸しあがったら器に盛り、香菜の葉をのせてたれを添える。

◎塩がしっかりきいているので、まずはたれをかけずにシンプルに味わうのがおすすめ。たれをかけるとエスニックな味になる。

手づくり厚揚げのしょうが味噌

甘い味噌だれののったふわふわの厚揚げ
しょうががビシッと味をしめます

〈材料〉2～3人分
木綿豆腐…1丁
揚げ油…適量
すだち…1個

【味噌だれ】
赤味噌（豆味噌）、砂糖、みりん、
水…各大さじ2
しょうが…1かけ（すりおろし）

〈つくり方〉
1　豆腐はペーパータオル2枚に包んで皿などをのせて1時間ほど水きりし、9等分に切る。すだちはくし形切りにする。
2　油を中温に熱する。豆腐の水分を拭いて入れ、全体がふっくらきつね色になるまで3～4分揚げる。
3　小鍋に味噌だれのしょうが以外の材料を入れて混ぜながら弱火で煮詰める。とろりとしたらしょうがの半量を混ぜる。器に2を盛ってたれをのせ、残りのしょうがをのせてすだちを添える。

鶏とごぼうとしょうがのピリ辛スープ

コトコト煮たしょうががふわっと香る
こっくりやさしい味のスープ

〈材料〉2～3人分
手羽…10本
にんにく…1かけ
ごぼう…1本
しょうが…薄切り8枚+1かけ（すりおろし）
長ねぎの青い部分…1本分
酒…1/4カップ
水…4カップ
塩…小さじ1/2
醤油…大さじ1
塩、粗びき黒こしょう…各少々
糸唐辛子…適量

〈つくり方〉
1　手羽は関節で身の部分（手羽中）と手羽先に切り離し、手羽中は1本切り目を入れる。にんにくはつぶす。ごぼうは皮をこそげとり、斜め薄切りにする。
2　鍋に手羽中と手羽先、しょうがの薄切り、にんにく、ねぎ、酒、水を入れて煮立ててアクをとる。蓋をずらしてのせ、弱火で15分ほど煮る。
3　塩、ごぼうを加えてさらに10分ほど弱火で煮る。
4　ねぎをとり出してしょうがのすりおろしを加え、醤油を混ぜて塩で味をととのえる。器に盛り、こしょうをふって糸唐辛子をのせる。

野菜のしょうが醤油漬け

中華風の漬け汁に
季節の野菜を入れるだけ
ご飯が進む便利な常備菜です

野菜のしょうがピクルス

しょうがの辛みと
甘酢っぱいピクルス液が
野菜のうまみと一緒に
じわっと口に広がります

コウケンテツさんに聞くしょうがの魅力

韓国料理ってにんにくのイメージが強いですが、しょうがもすごく大事な存在なんです。キムチはもちろん、サラダや煮物、炒め物、スープやお茶などあらゆるものに使います。

しょうがの魅力は、独特の香りと辛み。食欲がわくし、揚げ物に使ってもさっぱり食べられます。普段の料理に使うのはもちろん、少し喉が痛いかなというときは、出張先でも食事のときにマイしょうがをすりおろして食べたり、手づくりのしょうが茶を温めて飲んだりしています。そのおかげか、全然風邪をひかないんです。あと、肉や魚の臭みを消してくれるのもしょうがのいいところ。今回も牛肉やいわし、鶏肉はしょうがと一緒に火を通しています。食材をしょうがの絞り汁と日本酒に漬けてから料理するのもいいですよ。

新しょうがは辛みが少ないので厚切りや細切りにして野菜感覚で使います。ひねしょうがなら食感を残したいときはせん切りや薄切りにし、まんべんなくしょうがの味をつけたいときはすりおろしにして…と使い方を変えています。料理に入れるタイミングも、しっかりきかせたいかほんのりきかせたいかで、最初から入れるか後からかけるか調節します。

みなさんも好みに合わせて、しょうがを使いたおしてください。

コウ・ケンテツ／料理研究家。大阪府出身。韓国料理を中心に、和食やエスニック、イタリアンなど旬の素材を生かした簡単でヘルシーなメニューを提案。テレビや雑誌、講演会など多方面で活躍中。著書に『コウケンテツのおやつめし』（クレヨンハウス）、『今日、なに食べたい？』（新潮社）などがある。

野菜のしょうがピクルス

〈材料〉つくりやすい分量

カリフラワー…1/2個　れんこん…小1節
かぶ…2個

【ピクルス液】

しょうが…薄切り5～6枚　赤唐辛子…1本
塩…小さじ1　酢、水…各1と1/2カップ
砂糖…大さじ5
花椒*（なければ黒こしょう）…10粒

＊ミカン科サンショウ属の木の実を乾燥させた中国原産のスパイス。

〈つくり方〉

1　カリフラワーは小房に分ける。れんこんは皮をむいて厚さ5㎜の輪切りにする。かぶは皮をむいて8等分のくし形切りにする。

2　鍋にピクルス液を煮立て、火を止める。**1**の野菜をボウルに入れてピクルス液を熱いうちに加える。粗熱をとり、冷蔵庫で2～3時間ほど冷やす。

◎冷蔵庫で3～4日間ほど保存可能。

野菜のしょうが醤油漬け

〈材料〉つくりやすい分量

きゅうり…1本　なす…1本
にんじん…1/2本　ごぼう…1/2本
大根…100g（約3㎝）

【漬け汁】

醤油、酢…各2/3カップ　砂糖…大さじ4
ごま油…小さじ1　しょうが…2～3かけ（細切り）

〈つくり方〉

1　きゅうりは縦半分に切り、種をスプーンでとり除く。長さを3等分に切り、さらに縦半分に切る。大根、にんじん、ごぼうは皮をむいて同じサイズの棒状に切る。

2　ごぼうは熱湯で5分ほどゆでて水気を拭く。なすは丸のまま蒸し、水につけて冷ます。縦に8等分に切り、軽く水気をしぼる。

3　バットに漬け汁を混ぜ、**1**、**2**の野菜を並べて全体にさっとからめる。冷蔵庫で2～3時間ほど漬ける。

◎冷蔵庫で3～4日間ほど保存可能。

オザワエイコ
×
森本桃世

手づくり調味料研究家のオザワエイコさん（右）と食卓料理家の森本桃世さん（左）の発酵ユニット。著書『まいにち発酵ごはん』『はじめての発酵ごはん』（ナツメ社）にて手づくり発酵調味料やそれらを使ったレシピを多数紹介。「発酵する食卓」を発信している。

簡単につくれて、味が決まる！

しょうが麹のススメ

材料は、米麹と塩、しょうがの３つだけ。
全部混ぜたら、あとは麹がおいしくしてくれます。
生のしょうがの代わりに使えて、
長く保存できるのが便利！

調味料監修＝オザワエイコ
料理・レシピ＝森本桃世
写真＝小林キユウ
スタイリング＝本郷由紀子

冷蔵庫で
１年保存できる！
しょうがの
すりおろしの
代わりに使える

マイルドな風味で料理によくなじむ

しょうが麹は、生のしょうがと同じように使う、と考えると使い方が広がります。発酵させることで生よりも味に深みが出て、強い風味がマイルドになり料理によくなじみます。料理のたびにすりおろしたり刻んだりしなくていいのも便利ですね。

麹を使うと、化学調味料のように後味に残るような刺激はなく、ほっとする味に落ち着きます。保存性を高めるため塩味が強くなっているので、料理に一緒に加える塩分は控えめにしましょう。

一度つくれば長持ちするのも魅力

しょうがは少しだけ残ったものを放置しておくと傷んでしまうことがありますが、米麹・塩と混ぜて発酵させると長くおいしく食べられるのも魅力です。

また、にんにく、マッシュルームなど、ほかの食材で仕込んでみるのも楽しいです。米麹：素材：塩＝1：1：0・5にすると、長期保存できます。

しょうが麹のつくり方

米麹があれば、とっても簡単につくれます。
わが家の新定番調味料になるかも！

〈材料〉300mℓビン1本分
米麹…100g
しょうが…100g（皮をむいてすりおろす）
塩…50g

〈つくり方〉

1　米麹を水で戻す
米麹は手でバラバラにほぐす。乾燥麹を使う場合は、米麹の重量の約半分の水を加えて混ぜ、30～60分なじませてから使う。水で戻すとやわらかくなり、発酵が進みやすくなる。

2　混ぜる
すべての材料を合わせ、しっかり混ぜ合わせる。清潔な保存ビンに移し替え、空気が入らないよう上から押さえながら詰めて、蓋をする。

かたいときは、水を足してよく混ぜてから発酵させるとよい。

3　発酵熟成させる
常温におき、1日1回混ぜる。室温や季節にもよるが、数日から1週間ほどでとろりとしてきたら完成。発酵器を使う場合は、60℃に設定し8時間で完成する。
◎冷蔵庫で1年保存できる。

完成後も時間の経過とともに熟成が進み、塩味の角がとれ、さらにうまみが増す。冷蔵庫に入れて保存する。冷蔵庫に入れても少しずつ熟成が進む。

にんにく麹

マッシュルーム麹

しょうがをにんにく、マッシュルームに替えてもおいしい！

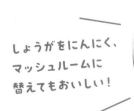

しょうが麹を使ったレシピ

しょうが麹を使うと、料理のうまみと風味がアップ。
ぜひいろいろな料理に活用してみてください。

大根のしょうがマリネ

しょうがとレモンですっきり
箸休めにおすすめです

〈材料〉つくりやすい分量
大根…300g（1cmのいちょう切り）
塩…小さじ2/5（2g）
【マリネ液】
- しょうが麹…小さじ2
- 酢…大さじ4
- 砂糖…大さじ1
- 大根のゆで汁…100mℓ
- オリーブオイル…大さじ1

レモンまたは好きな柑橘…適量
（スライス）

〈つくり方〉

1　大根は塩ゆでする。ゆで汁を100mℓとっておき、材料を合わせてマリネ液をつくる。

2　大根とレモンを保存容器に入れ、マリネ液を注ぐ。空気を遮断するようにラップで液面に蓋をし、1～8時間おいて食べる（長くおくほど味がなじむ）。

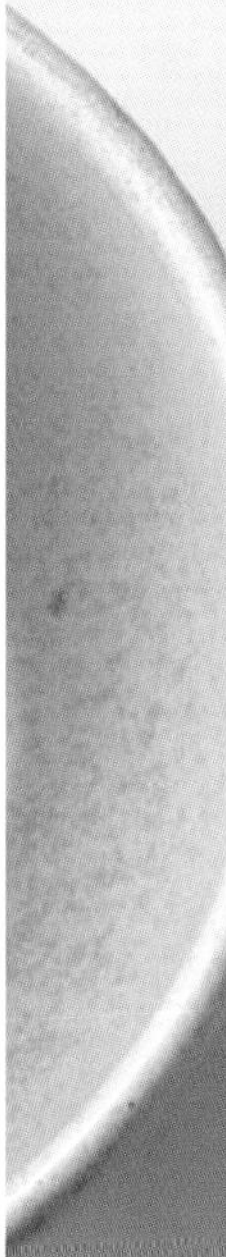

焼き白菜とパクチーのスープ

焼きつけた白菜がいいだしになり
しょうが麹がピリッと味を引きしめる
やさしいだけじゃない味のスープ

〈材料〉2人分
白菜…200g（2cmのざく切り）
パクチー…5 ～ 10g（みじん切り）
しょうが麹…小さじ2
ごま油…大さじ2
水…3カップ
塩、こしょう…適量
白ごま…少々
パクチー（トッピング用）…適量

〈つくり方〉

1　鍋にごま油としょうが麹を入れてよく混ぜ、弱火にかける。油が温まったらパクチーを入れ、弱めの中火にして香りが出るまで炒める。

2　白菜を加えて炒め、焼き色がついたら水を加え、弱めの中火で全体に火が通るまで煮る。

3　塩、こしょうで味をととのえ、器に盛る。好みで白ごまを散らしパクチーをのせる。

農家のしょうが料理

しょうがをたっぷり使った、農家ならではのレシピを紹介します。

料理・写真＝小倉かよ

豚肉としょうがの炒め

肉よりしょうがが主役！　体の芯から温まる

福井●大久保静子

〈材料〉

（レシピは『生姜と葱の本』*より）
しょうが…150g
豚ロース薄切り…150g
片栗粉…小さじ1
醤油…小さじ1
塩…小さじ1/4

〈つくり方〉

1　しょうがをせん切りに、豚肉を細切りにする。
2　ボウルに豚肉を入れ、片栗粉をまぶし、醤油で下味をつける。
3　フライパンに油分量外を熱し、**2**をほぐしながら炒める。
4　肉の色が変わったら、しょうがを加えて炒める。
5　しょうががしんなりしてきたら、塩で味をととのえ、できあがり。

※炒め方が足りないと苦くなるので、普通より多めの油でよく炒める。

こんなに?と思うほどしょうがを使う

＊『生姜と葱の本』（蘇 川博・下川憲子著、農文協刊）では、しょうがをたっぷり使ったレシピを多数紹介。ぜひご覧ください。

　使うしょうがの量が半端ではありません。『生姜と葱の本』*を参考につくってみたのですが、体の芯から温かくなり、汗が流れるほどに「しょうがの主張」を感じ、とてもおいしいです。材料がシンプルなので、もう一品ほしいときにも便利。

　しょうがの辛みが強いと感じるときは、赤や緑のピーマンも一緒に炒めて、仕上げにサラダ菜をのせると、味が和らぎ、見た目もきれいです。切ったしょうがを3時間ほど酢水に浸すと、炒めたときしんなりとやわらかくなり、辛みも少なくなります。

しょうがの炊き込みご飯

シンプルだけど、しょうがの風味でパクパク箸が進む

福井●大久保静子

〈材料〉

米…1升
しょうが…100g
薄揚げ…2枚
醤油…180～200cc
水…適量

〈つくり方〉

1　しょうがは皮をむき、厚さ5㎜、長さ2～3㎝の細切りにする。
2　薄揚げは、長さ2～3㎝の細切りにする。
3　といだ米と醤油を炊飯器に入れて、炊飯器の規定の目盛りまで水を足し、**1**と**2**を加えて炊飯する。

報恩講の手伝いに行ったときに、よくつくります。集まった40～50人に振る舞うと、みんな喜ばれます。

また、うちではしょうがをすりおろして、ビニール袋に入れて、板状に薄くのばして、冷凍しておきます。叩いて砕いて、いつでも使えます。豆腐にも添えるし、カレーにも。カレーににんにくのすりおろしを入れるとニオイが気になりますが、しょうがをにんにくの倍入れると、にんにくのニオイはすっかりなくなります。味もまろやかになり、孫も大喜びです。

しょうがのかき揚げ

揚げたてが最高！ ひねしょうがでつくるのがおすすめ

高知●矢野典子

〈材料〉

しょうが…3 ～ 4コブ
天ぷら生地（薄力粉、卵、塩、水）…適量

〈つくり方〉

1　しょうがをせん切りにし、水によくさらしてアクをとったあと、水洗いしてザルにあげる。
2　薄力粉と卵と塩で、衣をつくる（衣のやわらかさは水で調整）。
3　**2**の衣に**1**のしょうがを入れて混ぜ、適当な量ずつ揚げる。

しょうがの栽培に携わり、40年。イベントで新しい料理を出そうと考えたひとつが、この「しょうがのかき揚げ」です。具はしょうがのみで、珍しさもあり、喜んでもらえました。しょうがだけだと辛さが引き立つので、しょうがは薄く切ったほうがいいと思います。ひねしょうがを使ったほうが、歯ごたえがあっていいようです。

さつまいもとにんじんも入れると、「甘さがあって好き」という人もいます。普通の野菜のかき揚げに少ししょうがを入れるだけでもおいしいですよ。

しょうがの佃煮

ご飯に合う味。好みの味加減で楽しんで

鹿児島●有山八代美

〈材料〉

しょうが…500 g
ざらめ…250 g
薄口醤油…150cc
かつお節…100 g

〈つくり方〉

1　しょうがの皮をむき、薄くスライスして、水にさらす。
2　**1**のしょうがを水からとり上げ、沸騰した湯に入れ、ひと煮立ちさせて、絞っておく。
3　鍋にざらめと薄口醤油を入れてひと煮立ちさせ、2を入れて水分がなくなるまで炊く。
4　最後にかつお節を入れて炊く。

　地元徳之島でしょうが栽培が広まって、しょうが料理がブームになりました。しょうがの佃煮、しょうが湯、しょうがかりんとうなど、地域の婦人会や生活研究グループでつくるようになりました。

　しょうがの佃煮は、若い人から年配の方まで、材料の割合やしょうがを水にさらす時間などを調節して、家庭でそれぞれアレンジして楽しんでいるようです。うちでもよくつくります。ご飯によく合い、おいしいですよ。

新しょうがの甘辛煮

つくり置きして冬まで楽しめる

長野●羽生紀子

〈材料〉

新しょうが…500g
水…1200cc × 3回分
醤油…60 ～ 80cc
砂糖…60 ～ 100g
みりん…50 ～ 60cc

〈つくり方〉

1　しょうがを2～3㎜の厚さに切る。
2　1200ccくらいの水で2～3回煮こぼし、しょうがの辛みを抜く(味をみて辛ければもう一度煮こぼす)。
3　しょうがをザルにあげ、水をよく切る。
4　鍋にしょうがを入れ、醤油、砂糖、みりんを加え、汁がなくなるまで中火で煮込む。

20年ほど前、義理の姉が新しょうがをとてもおいしく煮つけて出してくれたのが、この甘辛煮です。

食欲が落ちやすい夏場には箸が進み、冬場に食べると体がぽかぽかとしてきます。つくり置きができるのがまたよく、姉に教えてもらって以来、ずっとつくっています。

新しょうがの時期にはちょうどみょうがたけが出るので、試しにこれも入れてみたところ、おいしくいただけました。この甘辛煮に豚のバラ肉を入れてもおいしいです。

葉しょうがの豚肉巻き巻き

豚肉のジューシーさと葉しょうがのさわやかな香りがマッチ。おもてなしにも

神奈川●菊池美香

〈材料〉
葉しょうが…5～6本
豚バラ肉…5～6枚
焼肉のたれ…大さじ3
酒…大さじ1

〈つくり方〉
1　葉しょうがはきれいに洗い、1本ずつバラす。茎は10cmほどで切る。
2　しょうがに豚バラ肉をくるくる巻き、最後に手でギュッとなじませる。
3　フライパンに油分量外を敷いて2を並べて両面を焼く。肉に火が通ったら調味料を入れて煮詰め、照りが出たらできあがり。

＊お好みで、塩こしょう味にしたり、甘辛味にしたりと、ご家庭の味を楽しんでください。

　しょうがをプランターで栽培しています。間引きがてら収穫した葉しょうがは、甘酢に漬けてもおいしいですが、食卓の一品としておかずに仕上げてみました。

　といっても、しょうがにいきなり豚肉を巻いてしまうだけ。これで、「なんちゃってしょうが焼き」のできあがり。やわらかな葉しょうがは香りが最高です!!

　これなら家族にも大好評です。ちょっとしたお酒のおつまみとしても。

有機の畑でとれるしょうがで ジンジャーシロップ量産中！

高知●桐島美郷

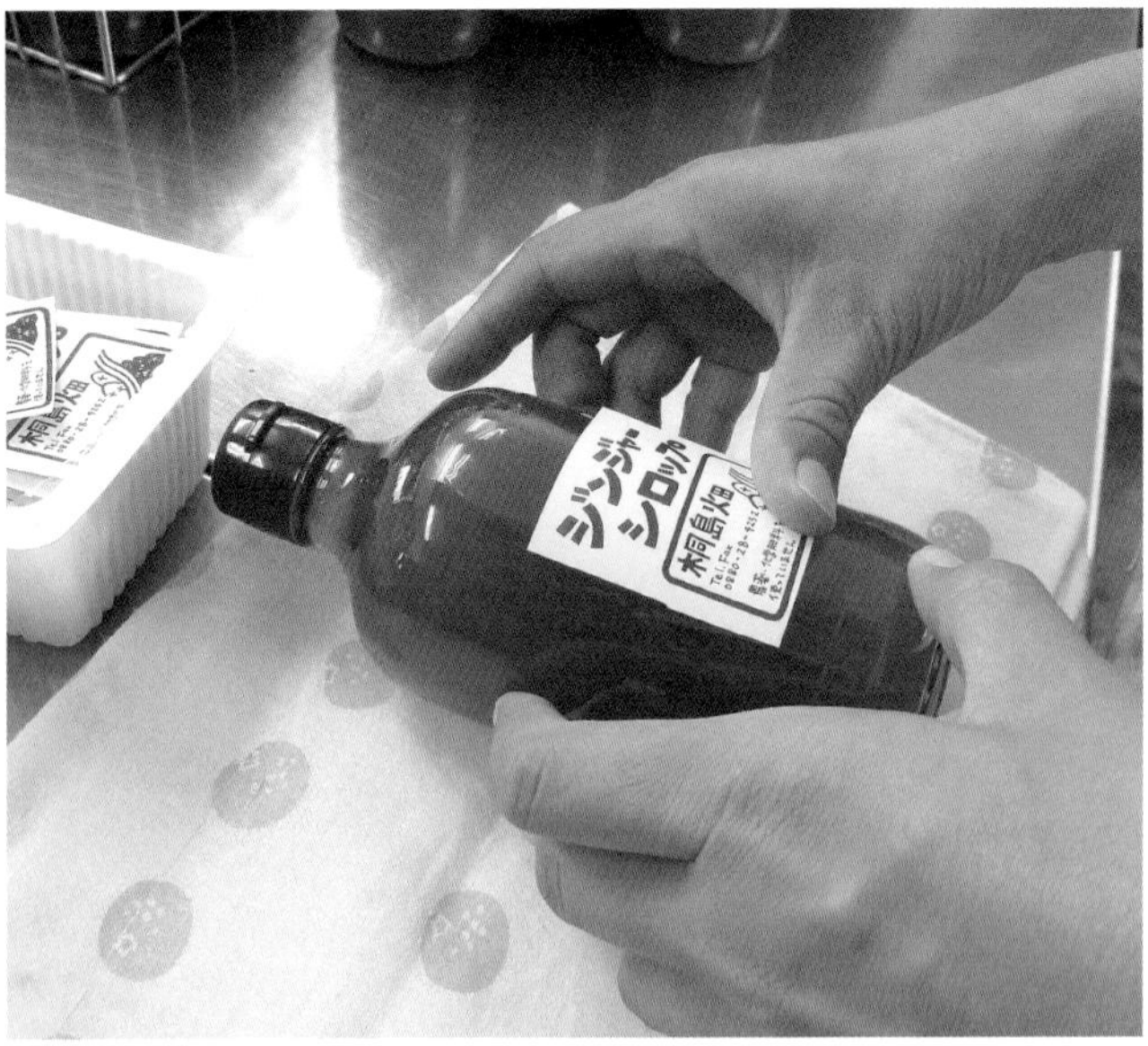

「桐島畑」のジンジャーシロップ。ラベルも1枚1枚心を込めて貼る

日本一のしょうが産地でジンジャーシロップ

私たちは２００８年の夏から、農薬、化学肥料を使わない自家栽培のしょうがでジンジャーシロップをつくりはじめました。

最初は地元で有機農業を営んでいる仲間の〝おかみ〟４人でつくろうとしていましたが、それぞれが忙しく、なかなか意見もまとまりにくい感じで、前に進まず、意欲の強かった私がやらせてもらうようになりました。

私たち桐島畑は、高知県四万十町で年間60種類あまりの野菜をつくっていますが、商品として売りにくいもの、自分たちで食べたり、人にあげても残ってしまうものがあります。どこの農家さんも考えることでしょうが、そういうものを使って加工品をつくり、販売する……私も常々チャンスをうかがっていました。

以前は東京で小さなオーガニック食堂を営んでいた私は、そこで培った経験と、桐島畑の素材で〝私たちにしかつくれない〟〝どこにもないもの〟をつくりたいと思っていました。もともとしょうがが大好きで、お店でもつくってお客様にも出していたジンジャーシロップなら、わりとつくりやすいと思ったのがきっかけです。

筆者

高知は日本一のしょうがの産地だし、有機のしょうがで加工品をつくっていけば、高知の代表選手としてもがんばっていけるかも!!　と夢はむくむくとふくらんでいきました。

しかし、ちゃんとした製品ができあがるまで、今では考えられないド素人の失敗を数多く繰り返して進んできました。

出荷できない親しょうがを利用

秋に掘り上げたしょうがは、自分た

10月下旬、しょうが（品種は土佐一）を掘ってできばえを確認する（写真＝木村信夫、写っているのは桐島畑の桐島正一）

ちで掘った貯蔵庫に一年分蓄えています。ジンジャーシロップに使うしょうがは、普通に販売できるものと、親しょうがを組み合わせています。親しょうがは色が黒く、辛みが強くて風味が少ないので、売っても値段が安く、行き先がないまま腐らせて捨てることが多かったのです。ジンジャーシロップをつくりだしたことで、辛い親しょうがを有効に使えるようになりました。そのうえ、有機農家の仲間の親しょうがも買いとるようになり、うれしい結果を招いています。

ジンジャーエール、シャンディガフ……飲み方無限大

ジンジャーシロップはしょうがと粗糖、水という3つだけの材料でつくります。味もシンプルなので、いろいろな用途に使うことができます。

使い方を挙げてみます。水、炭酸、お湯で割る。紅茶、ハーブティー、牛乳に入れる。ビールに入れてシャンディガフ。赤ワインに入れて、ホットワイン。芋焼酎に入れる。もろみ酢、リンゴ酢と水で割って、健康ドリンク。バニラアイス、チョコアイス、ヨーグルトにかける。白玉だんごにかける。合わせ酢の甘みに。煮物の調味料として。カレーの隠し味に……。アイデアは使う人次第で、無限です。

先日は、夏のイベントで「ジンジャー

しょうがは低温に弱いため、真冬に納屋などに置いておくと冷害で腐ることも。桐島畑では、家の横の山を小型の削岩機で掘って貯蔵庫をつくり、そこに保存。地中なら、一年を通して一定の涼しい温度に保たれる（写真＝赤松富仁。以下Aも）

桐島畑のジンジャーシロップのつくり方

〈材料〉

しょうが

水

粗糖

※材料の割合は、しょうがを10としたら、水は16、粗糖は7～8

※粗糖は、砂糖をつくるときの原料で、サトウキビの絞り汁を加工したもの。独特の風味を持ち、コクが深くビタミンやミネラル分も多い。私たちが使う辛みの強いしょうがには、雑味のある粗糖が合うと思い選んだ

〈つくり方〉

1　しょうがを洗い、選別。傷んだところを削り、3～4㎜にスライスする（現在は加工場では制服を着用）。

2　しょうがと水を鍋に入れ、煮る。沸騰したら、アクをとり、中火で1時間ほど煮て、辛みを出していく。

3　味をみて辛みがちょうどよければ、火を止め、蓋をして一晩寝かせる。

4　しょうがをとり出し、粗糖を入れ、火にかける。粗糖が煮溶けたら糖度を測り、味をみて、糖分を調節する（うちでは糖度45度ぐらいにしている）。

5　4をガーゼやクッキングペーパーなどで濾す。

ミルクかき氷」をつくって、なかなか好評でした。冷たいかき氷なのに、食べ進むうちに体がぽかぽかする不思議な体験でした。

口コミで販売先が広がる

商品は200㎖、400㎖、900㎖の3種類をつくっていて、すべて口コミで少しずつファンが増えています。とり扱っていただいているお店もバラエティに富んでいて、自然食品店、セレクトショップ、高知のアンテナショップ、地元の道の駅、美術館のレストラン、美容室、お茶道具の専門店など。

また、シロップをつくったあとの煮たしょうがで、生姜糖、ケーキ、入浴剤などもつくり、少しずつ販売を始めています。

農業の未来は明るい！

口コミで少しずつ広がっているということは、製品にチカラがあるのかなと思っています。代表の正一が野菜をつくるときに「自分が手を加えるのは、ほんの少しだけ」といっています

7　ビンの蓋を軽く閉め、殺菌槽に入れ、85℃で30分間殺菌消毒。

8　蓋をきつく閉めて、冷却（急冷は禁物、水道水を少しずつ流して冷やす）。

6　5を洗っておいたビンに詰めていき、ビンの口をふきんで二度拭き（液垂れを拭き、アルコール消毒）。

9　ビンを水から上げて、拭いてラベルを貼れば完成。

完成！

（A）

が、加工品もきちんと本来持つチカラを発揮する素材、調味料を選んで使えば、料理人が加える手はほんの少しでいいのです。

　全然知らないお客様から電話や手紙をいただくこともあり、「あんまりおいしくて、おいしさが記憶に新しいうちに手紙を書きたくなりました」とか、「人にいただいたのですが、自分も人にあげたいのでとり寄せできますか」とか、そのような内容の声を聞くと、私たちもとても感動します。「ちゃんとつくっていきたい」「もっといいものをつくりたい」と、やる気がふつふつとわいてきます。

　加工にとり組みはじめて3年目、高知県の補助事業を活用して、野菜の出荷室、加工室、事務室、物置などを備えた、自分たちの活動拠点となる施設をつくることができました。

　ジンジャーシロップを通して少しずつ小さな幸せを広げていけるなら、私たちのとり組んでいる農業の未来は明るいぞ!!　と、続けていく元気が出てきます。

中川たまさんの
ジンジャーシロップのドリンクとお菓子

ピリッと辛いけれど、すっきり甘いジンジャーシロップ。
手づくりすれば、ジンジャーエールやチャイが
いつでも楽しめて、焼き菓子の風味づけにもぴったりです。
新しょうがでつくるとほんのりピンク色に染まり、
ハーブやスパイスを足せば、また違う味わいになります。

料理・レシピ・スタイリング＝中川たま　写真＝五十嵐公

ハーブジンジャーエール

ハーブ入りでさっぱりとした飲み口
しょうがの風味をしっかり感じます

〈つくり方〉1杯分
グラスにハーブジンジャーシロップ大さじ2～3を入れ、炭酸水100㎖を注ぐ。

◎たまさんのジンジャーシロップのつくり方はp38参照。

ホット
ジンジャーワイン

肌寒い夜に飲みたい１杯
リンゴや柑橘を浮かべてもおいしい

〈つくり方〉１杯分
小鍋にワイン100mℓを入れて火にかける。温まったら基本のジンジャーシロップ大さじ１～２を加えてひと煮立ちさせる。

◎ワインは赤やロゼがよく合う。

ジンジャーチャイ

ミルクティーにシロップを注ぐだけ
ほんのりスパイシーでコクのある甘さ

〈つくり方〉１杯分
1　小鍋に水50mℓと紅茶の茶葉大さじ2/3を入れて中火にかける。沸騰したら弱火にし、3分ほど煮出して濾す。
2　**1**に牛乳150mℓを加えてひと煮立ちさせ、スパイスジンジャーシロップ大さじ1を加えてひと煮立ちさせる。

パン・デピス

スパイスのきいたシロップと
刻んだしょうががたっぷり
バターを使わない軽やかなケーキ

〈材料〉 18 × 8.5 × 6㎝のパウンド型1個分

A
- 薄力粉…100g
- 全粒粉またはライ麦粉…50g
- ベーキングパウダー…大さじ1/2
- 塩…ひとつまみ

B
- 卵…1個
- スパイスジンジャーシロップ…80mℓ
- 蜂蜜…40g
- プレーンヨーグルト…大さじ2

スパイスジンジャーシロップのしょうが
…30g（粗みじん切り）
スパイスジンジャーシロップ（仕上げ用）…適量

◎たまさんのジンジャーシロップのつくり方はp38参照。

〈つくり方〉

1　ボウルにAを入れ、さっと混ぜ合わせる。
2　別のボウルにBを入れ、蜂蜜がなじむまでよく混ぜ合わせる。
3　**2**に**1**をふるい入れ、ゴムべらでさっくりと混ぜる。ある程度混ざったらしょうがを加えてさっと混ぜ、型に入れる。
4　170℃に温めたオーブンで30 ～ 40分焼く。熱いうちに型から出し、ジンジャーシロップを表面に塗る。

◎パン・デピスは、シナモンやしょうがなどのスパイスや蜂蜜を使ったフランスの伝統菓子。主に修道院でつくられていた。

ジンジャー サブレクッキー

後味がピリッとひきしまる
アイシングもしょうが風味です

〈材料〉 直径6cmの型・16枚分

無塩バター…60g
薄力粉…120g
アーモンドパウダー…30g
A 卵黄…1個分
きび砂糖…30g
塩…1g
基本のジンジャーシロップのしょうが…30g

基本のジンジャーシロップ…大さじ1/2
粉砂糖…20g

〈つくり方〉

1　Aをすべてフードプロセッサーに入れ、均一になるまで撹拌する*。まとめてラップで包み、冷蔵庫で30分ほどねかす。

2　打ち粉をした台に生地を出し、3㎜厚さにのばして型で抜く。

3　天板にオーブンシートを敷いて**2**を並べ、170℃に温めたオーブンで13～15分焼く。

4　**3**の半量にアイシングをする。ジンジャーシロップに粉砂糖を少しずつ混ぜ溶かし、粗熱がとれたサブレに塗る。200℃に温めたオーブンで1分焼き、表面を乾かす。

*フードプロセッサーがない場合は、室温に戻したバターを泡だて器でクリーム状に練る。砂糖と塩を加えて白っぽくなるまですり混ぜ、卵黄を加えてよく混ぜる。粉類と細かく刻んだしょうがを加え、粉っぽさがなくなるまで混ぜる。

ジンジャー
ブラマンジェ

クリーミーなブラマンジェに
みずみずしい果物とさっぱりしたシロップがよく合う

〈材料〉4人分
生クリーム…200mℓ
牛乳…200mℓ
┌粉ゼラチン…4g
│きび砂糖…40g
└熱湯…50mℓ
いちじく…1個（8等分する）
ぶどう…12～16粒（皮をむく）
ハーブジンジャーシロップ…60mℓ

◎たまさんのジンジャーシロップのつくり方はp38参照。

〈つくり方〉

1　粉ゼラチンと砂糖は、熱湯と混ぜ合わせて溶かしておく。

2　ボウルに**1**、生クリーム、牛乳を入れてよく混ぜ合わせる。

3　器に流し入れ、冷蔵庫で3時間ほど冷やし固める。

4　果物を**3**の上に盛りつけ、ジンジャーシロップを上から回しかける。

しょうが糖

お茶うけにぴったりの
セミドライしょうが

〈つくり方〉

1　ハーブジンジャーシロップのしょうがの水気を切り、オーブンシートを敷いた天板に重ならないように並べる。

2　100℃に温めたオーブンに入れ、ひと回り縮んで表面が乾くまで30～40分焼く。熱いうちにグラニュー糖をまんべんなくまぶす。冷蔵庫で2週間ほど保存できる。

◎新しょうがでつくると、繊維が少ないので食べやすい。ほかのシロップのしょうがでもつくれるが、できあがりが小さくなる。

たまさんのジンジャーシロップ

今回のドリンクとお菓子に使ったシロップです
ベーシックなシロップと、シナモンなどを加えたスパイシーなものや
ハーブ入りのさっぱり味のアレンジも教えてもらいました

基本のジンジャーシロップ

〈材料〉約500mℓ分
しょうが（新しょうがでもよい）…200g（薄切り）
きび砂糖…100g
レモン汁…1/4カップ
水…2カップ

〈つくり方〉
1　鍋にレモン汁以外の材料を入れて中火にかける。
2　沸騰したら弱火にし、アクをとりながら20分ほど煮る。レモン汁を加えてひと煮立ちさせる。1日おいて味がなじんだら使える。冷蔵庫で約1カ月保存できる。

シンプルな味なので、ドリンクやお菓子以外に、料理にも使える。醤油を混ぜてしょうが焼きの下味、煮魚の臭み消しや、甘酢だれにして肉や魚にかけても。

ハーブジンジャーシロップ

〈材料〉約500mℓ分
新しょうが…200g（斜め薄切り）
グラニュー糖…100g
レモン汁…1/2カップ
ローズマリー…3枝
ローリエ…2枚
水…2カップ

〈つくり方〉
「基本のジンジャーシロップ」と同じ。

フレッシュな辛みがジンジャーエール（p32）にぴったり。ブラマンジェ（p36）のような牛乳ベースのお菓子や、メロンなどの果物にかけてもさっぱりしておいしい。

スパイスジンジャーシロップ

〈材料〉約500mℓ分
しょうが（新しょうがでもよい）…200g（薄切り）
蜂蜜…120g
レモン汁…大さじ2
シナモンスティック
…3～4本（適当に折る）
カルダモン…20粒（つぶす）
水…2カップ

〈つくり方〉
「基本のジンジャーシロップ」と同じ。

カルダモンとシナモンが入るので、味に深みが出る。チャイやワイン（p33）、焼き菓子など、スパイスの香りをきかせたいものに使う。

アレンジが楽しいジンジャーシロップ

香味野菜が大好きなので、夏や秋に新しょうがが出回るとついたくさん買ってしまいます。必ずつくるのが、甘酢漬けとジンジャーシロップ。市販のシロップは甘みが強いので、自分でつくるようになりました。飲み物やお菓子だけでなく、普段の料理にもよく使うので、年中手に入るひねしょうがも使って、常にストックしています。今回のレシピは冷蔵庫にも入れやすい量なので、保存しやすいと思います。こしょうや山椒、唐辛子を入れて辛めのシロップにしても楽しいですよ。

なかがわ・たま／神奈川県逗子市在住。雑誌や書籍などで料理家として活躍中。旬の素材でつくるシンプルで味わい深い料理やお菓子が人気。著書に『ふわふわカステラの本』（主婦と生活社）、『器は自由におおらかに』（家の光協会）など。

つくり方・使い方のコツ

ひねしょうがと新しょうがの違い

しょうがは、ハウス栽培では夏、露地栽培では秋に収穫します。収穫直後のものが新しょうが、2～3カ月寝かせたものがひねしょうが（いわゆる普通のしょうが）です。新しょうがは辛みが少ないのが特徴。またアントシアニンを多く含むので、レモンの酸と反応してシロップがピンク色になります。ひねしょうがは水分が飛んでいる分新しょうがよりも辛く、シロップも辛みが強くなります。

砂糖の種類はお好みで

きび砂糖ならクセのない味わいに、蜂蜜ならより味に深みが出ます。黒糖を使うと黒蜜のようになり、寒天や白玉にかけるとおいしいです。新しょうがのシロップは、グラニュー糖などの精製糖でつくるときれいなピンク色になります。

しょうがは濾さずに保存

煮た後のしょうがは漬けっぱなしにしておくと、よりしょうがの風味が強くなります。シロップを使うときにその都度濾します。漬けたしょうがは刻んで焼き菓子に入れたり、しょうが糖（37ページ）にするとおいしく食べられます。

しょうがシロップを使った料理

林 弘子さんに教わる

しょうがのシロップ漬けとアレンジ

しょうがをシロップに漬けておくと、
甘酢漬けや紅しょうがなどの保存食づくりにはもちろん、
飲み物やコンフィチュールなどの甘いおやつにも手軽に転用できます。

料理・文＝林 弘子　写真＝西山輝彦

年中楽しめるしょうがの漬物

しょうがは、収穫の時期によって呼び名が変わります。「根しょうが」の旬は秋ですが、これは保存がきくので通年入手することが可能です。季節が限定されるのは、初夏に出回る早掘りの「新しょうが」です。根の先がほんのり赤く、果実のようにみずみずしいもので、辛みが少ないことが特徴です。

しょうがは畑の医者といわれるように、有用な薬効を持った野菜です。血行をよくし、新陳代謝を高め、食欲を促進させる働きがあります。風邪の喉にもやさしく、咳を鎮め、去痰の助けをします。しょうがの持つ殺菌作用は、魚介類の料理や漬物、発酵保存食品などの腐敗を抑制し、食中毒の防止にも一役買っています。

こんな働き者のしょうがですから、やはり初夏といわず秋といわず、年中活用したいものです。

今回は少し趣の変わったしょうがの活用法をご紹介しましょう。ティータイムに役立ち、子どものおやつにも転用できるしょうが料理「しょうがのシ

しょうがのシロップ漬けのつくり方

〈材料〉

しょうが…100g
レモン汁…60 ～ 75mℓ
（レモン2個分。ゆずやだいだいの絞り汁でも可）
蜂蜜…150g

〈つくり方〉

1　皮をむいたしょうがを薄切りにして水に放ち、アクを抜いてザルにあげる。鍋にしょうがを入れ、ひたひたの水を注ぎ、火にかけて、数分沸騰させる。

2　1をザルにあげ、しょうがの水気をよく切る。ボウルに移し、レモン汁と蜂蜜を加え混ぜ、蓋付きの空きビンに入れて3 ～ 4日おく。

＊常温での保存は、涼しい季節は2週間、暑い季節は3 ～ 4日ほど。それ以降は冷蔵庫に入れる。常温に長くおくと、しょうがに酵母系（無害）の白いカビがぽつぽつ生えたり、シロップがアルコール発酵する場合がある。最初から冷蔵庫に入れて保存しても構わない。甘酢・醤油漬け、紅しょうがの保存法も同じ。

シロップ漬けと食べたい料理＆しょうがシロップの使い方
（右ページの写真、手前から時計回りに）

- **塩味のケーキ＆紅しょうがのサクサク揚げ**
- **アボカドとマグロのサラダ＆醤油漬け**
- **いなりずし＆紅しょうがと甘酢漬け**
- **紅しょうがのサクサク揚げ**
  水気を抑えた紅しょうが100gに片栗粉50gをまぶし油で揚げる
- **ジンジャーエール**
  しょうがシロップ3：水7で混ぜる
- **ジンジャーゼリー＆コンフィチュール**
  （直径15㎝丸型1個分）ゼラチン5gを熱湯1カップで溶かし、しょうがシロップ1/2カップを入れて冷ます。容器にバナナ2本（輪切り）を入れ、ゼリー液を入れ冷やし固める。コンフィチュールをのせる

ロップ漬け」です。これはスライスしてゆでこぼしたしょうがを、蜂蜜レモン漬けにしておくだけの簡単な漬物で、「根しょうが」でも「新しょうが」でもつくることができます。しょうがの辛みが気になる方は、ゆでこぼしの回数を増やすと、辛みが和らぎます。この素材からさまざまな料理をつくれます。

　また、しょうがの成分が溶け込んだシロップも便利なものです。たとえば自家製ジンジャーエール。夏はさわやかに炭酸割りで、冬は熱々のお湯割りにして、お好みで焼酎などを加えても。体が温まるので、冷え性の女性にもおすすめです。風邪のひきはじめなどには葛粉でとろみをつけていただくとよいでしょう。

　蜂蜜（糖分）を入れるため、暖かい季節にシロップ漬けを常温でおいておくと、プクプク、シュパーッと、発酵してしまう場合があります。これは酵母によるアルコール発酵なので、運転する方は注意が必要です。

　しょうがのスライスがシロップから出ていると、白いカビが着床してしま

シロップ漬けでつくる保存食

紅しょうが

〈つくり方〉
シロップ漬けを空きビンに入れ、ひたひたの赤梅酢（適量）に漬け、1日おく。

甘酢漬け

〈つくり方〉
シロップ漬け100g、塩小さじ1/2、酢大さじ1を空きビンに入れ、1日おく。

コンフィチュール

〈つくり方〉
リンゴ1個（1㎝角切り）とシロップ漬け100gをフードプロセッサーにかけ、A〔クローブ5本、シナモンスティック1本〕、蜂蜜・レモン汁各大さじ3、しょうがシロップ1カップ、赤ワイン大さじ2を加え中火で煮詰め、Aをとり除いて空きビンに入れて冷蔵庫で保存。

醤油漬け

〈つくり方〉
シロップ漬けを空きビンに入れ、ひたひたの醤油（適量）に漬け、1日おく。

う場合もあるので、しっかりとシロップに浸しておきましょう。
アルコール発酵も白いカビも、自然界の酵母菌のちょっとしたイタズラです。気になる方は、シロップからしょうがを出し、別々にして冷蔵庫に保存すると心配ありません。

はやし・ひろこ／1958年北海道ニセコ生まれ。81年、国産有機農産物による製菓製パン業「麻衣くっきい」を設立。著書に『和・発酵食づくり』（晶文社）、『国産小麦のお菓子とパン』『酵母でつくる焼き菓子レシピ―かりんとう・ビスケットからケーキ、おやつパンまで―』（農文協）など。

直売所農家の逸品 しょうがジャム

パンに塗ってよし、お湯で溶いてよし
使い勝手がいいジャム

福岡●新開 茂

料理・写真=小倉かよ

〈材料〉
しょうが…1kg
砂糖…1kg
蜂蜜…適量
クエン酸（またはビタミンC）…大さじ1/2

〈つくり方〉
1　しょうがを洗い、皮ごとスライスして、フードプロセッサーにかける。
2　1と砂糖を鍋に入れ、火にかける。その後、蜂蜜とクエン酸も加える。
3　2時間ほど煮詰める。

※煮詰めるのは好みのかたさになるまで。焦がさないように注意。

20年間なすづくりをしてきましたが、妻の病気を機にしょうがづくりをはじめました。

初めてつくったしょうがも直売所に出していましたが、返品がかなりあり、これをどうするかが課題でした。あるテレビ番組で野菜でジャムができるということを知り、しょうがでジャムをつくってみようと思いつきました。

ジャムはきれいな琥珀色に仕上がりました。ちょうど風邪が流行しはじめたときで、直売所でも思いのほか好評でした。パンにつけてもいいし、お湯で割ってしょうが湯で飲んでも、ピリッとしょうがの辛みがきいていて、おいしいです。肉とか魚を料理するときに使うお客様もいます。

憲子さんの紅しょうが。丸ごと売るのが味を落とさないコツ

味も色も長持ち
加工名人母さんの名物　紅しょうが

神奈川●露木憲子さん

「細く、長く」30品目で通年販売

　露木憲子さん（65歳）は年間を通して直売所に加工品を出す加工母さん。料理が大好きで、何でも手づくり。味噌汁の味噌は麹からつくるし、だしも毎朝かつお節でとる。

「毎日食べたり飲んだりするものは体にいいものがいいじゃない？　畑でとれたものは全部ムダなく使わないともったいないから」

　そんな憲子さんの近くに住むお孫さんは、おばあちゃんの味が大好き。しゃれた料理より昔ながらの素朴な料理が好きなのだとか。

　憲子さんが加工品を直売所に売りはじめたきっかけは、お姑さんからおこづかいがほとんどもらえなかったから。地元の農協の直売所に野菜を出していた憲子さんに、女性部の仲間が助言してくれた。

「野菜の残りを漬物にして出しなよ。自分のおこづかいになるよ」

　その一言がきっかけで、平成10年に味噌と漬物と菓子の販売許可をとった。そこからは「細く、長く」をモットーに多品目で長期販売できるよう商品化。今では豆味噌や、きゅうり、なす、かぼちゃなどの漬物から、草団子、甘夏のピールなどのお菓子まで、30品目を出す。

紅しょうがは丸のままのほうが味が変わらない

　しょうがを加工する場合、本には「そのままではかたいのでスライスする」と書いてあるが、憲子さんは丸のまま漬けて、そのまま売っている。スライスすると辛みなどの味がどんどん抜けてしまうのだという。

「お姑さんからは『横着だ』って怒られたけど、丸のままの紅しょうがを気に入ってくれたお客さんがいたの。男の人でね、薄く切って漬けたものしか食べたことがなかったんだけど、オレはこの味が一番だ、食べるときに切って食べるから味がいつまでも変わらないって」

二度漬けで色も変わらない

　憲子さんは毎年コンテナ3杯くらいのしょうがを加工するのだが、大量に漬けて何カ月もおいておくと、色が変わってしまう。目の覚めるような鮮やかな赤だったその色があせて、くもった赤紫色になってしまう。着色料や保存料は入れないから仕方ないのだが、色が悪くては売れない。そこで憲子さんが考えたのが、二度漬け。

　最初から赤梅酢に漬けないで、白梅酢に漬けて保存しておき、直売所に出す分だけを少しずつ赤梅酢に漬け直すのだ。おかげで11月から5月まで、常にきれいな色の紅しょうがが出せる。

　しょうがはやわらかいうちに収穫しないと辛さが増しスジっぽくなるので、遅くとも秋の彼岸までにとるようにしている。

露木憲子さん。かごの中は自慢の手づくり加工品たち

憲子さんの紅しょうがのつくり方

1　水洗いする

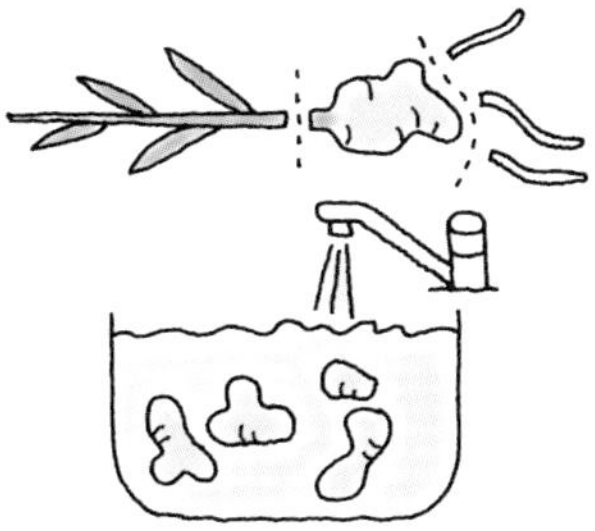

葉とヒゲ根を切ってから洗い、陰干しして水気をとる。

2　スライスしない

スライスすると辛みなどの味が抜けてしまうので、丸のまま漬ける。

3　塩漬けする

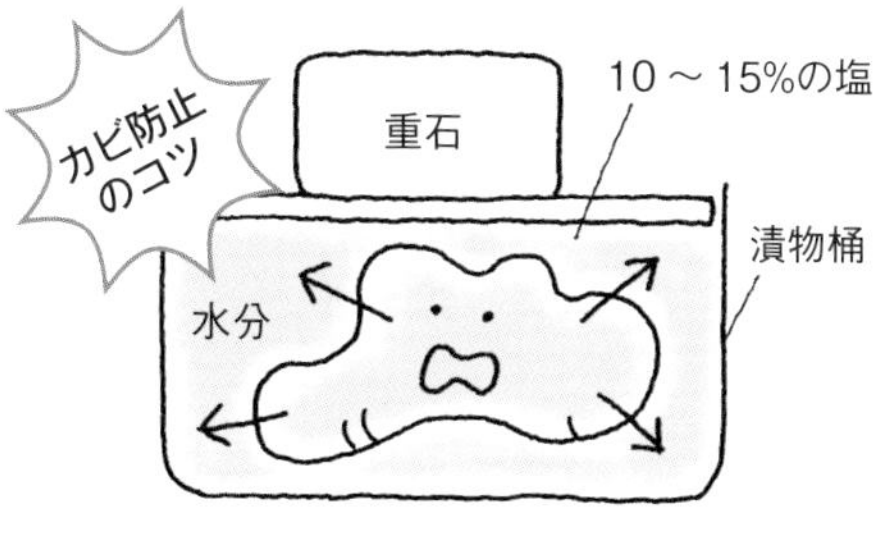
カビ防止のコツ
重石
10～15%の塩
漬物桶
水分

塩をふり、重石をして1週間おいて水分を抜く。塩漬けしないと梅酢が薄まってカビが発生する。

4　白梅酢に漬ける

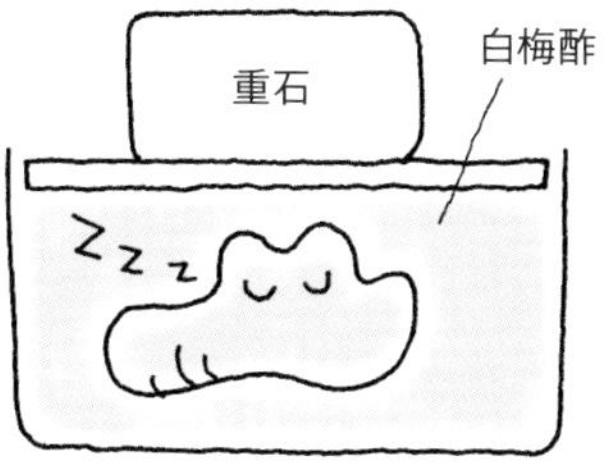
重石
白梅酢

しょうがが隠れるくらい白梅酢を注ぐ。梅酢が蓋の上に出るくらいに重石をする。この状態で保存する。

5　赤梅酢に漬ける

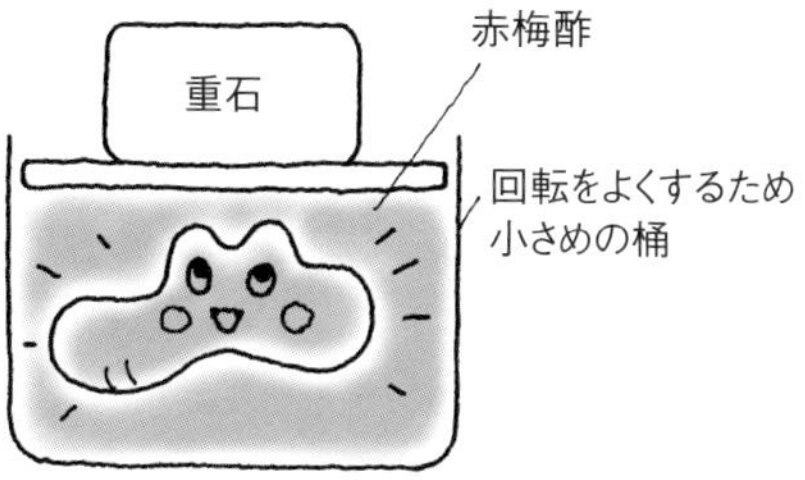
赤梅酢
重石
回転をよくするため
小さめの桶

約1カ月後、一部を小ぶりの漬物桶に移し、赤梅酢に漬ける。1カ月後、とり出して売る。以後、桶のしょうがが半分ほどに減ったら、白梅酢のしょうがを移す。

6　包装・殺菌する

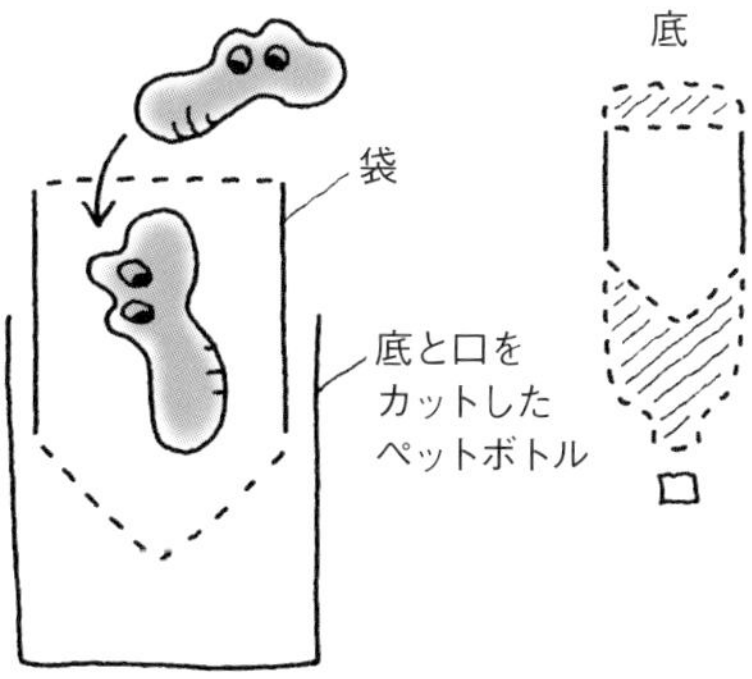
底
袋
底と口を
カットした
ペットボトル
口

袋の口が汚れないよう、底と口をカットしたペットボトルを袋に挿し、紅しょうがを入れる。新しい赤梅酢を加え、シーラーで口をとめ、60°Cのお湯で殺菌する。

ピリピリがたまらない しょうがもち

奈良●吉田悦美

完成したしょうがもち

委託加工で、売れ残りしょうがを粉末に

　しょうがとの出会いは、今から3年前。「吉田さん、しょうが植えてみないか?」と熊本県の知人に誘われて、その人から種しょうがを買いました。畑に堆肥を入れて、無農薬でつくると、野球のグローブぐらいの大きなしょうがかたくさんとれました。

　そこで「しょうがはこんなに大きいんだよ」と驚かすために、そのままの大きさで1000円で販売。少しは売れたのですが、あまりにも多くとれたので、売れ残ってしまいました。貯蔵する場所もなく、冬を越すことは難しいので、近くで野菜などを粉末にしている「阿騎野農産物加工組合」に頼んで、しょうがを粉末にすることにしました。

　しょうが湯にして飲むと、しょうがの香りがよく、おいしい。はじめはうちで飲んだり、粉末を人にあげたりしていましたが、もったいないので、この粉を使ってなにか商品ができないか考えるようになりました。

しょうがもち ピリピリがいける

　まずは大寒につくる「かきもち」にしょうが粉末を混ぜてみました。乾燥させて、油で揚げて商品にしたところ、しょうがの香りがよく、好評でした。

　それなら生もちにも入れてみようとなったのです。ただ、しょうがだけだとピリピリと辛いので、子どもにも食べてもらえるように三温糖と塩も混ぜ

筆者と主人。手に持っているのはカキを乾燥させたせんべい。これも人気商品

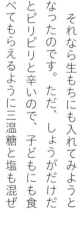

しょうがもちのつくり方

1　もち米1升5合をといで、48時間浸水する（途中2回水を替える）。

2　もちつき機でもち米を40分ほど蒸し、しょうがパウダー60g、すりおろした生のしょうがをおたま2杯、塩大さじ半分、三温糖200gを加える。

※しょうがパウダーのつくり方は48ページ参照。

3　もちつき機の蓋をとって10～15分ほどこねる。

4　臼に移して、赤ちゃんの肌のようにツルンとなるまで杵でつく。

5　手にとり粉をつけて、もちをちぎり、成形する（65個ほどできる）。好みであんを入れる。焼いて食べる。

※とり粉は大福用の白玉粉を使うと、なめらかで食感のよいもちが焼ける。

ました。三温糖を入れると、もちもちかたくなりにくいようです。

食べてみると、まず甘みが口の中に入って、噛み続けていくと、口の中にしょうがのピリピリが広がります。初めての試みでしたが、結構いける味です。つきたてが一番おいしく、焼いてもいけます。

目の前で焼いて、大人気

9月末から11月いっぱいは毎日、観光客の多い曽爾《そに》高原（奈良県と三重県の県境にある国立公園）に露店を出し、もちを鉄板で焼いて売っています。私は紫いももち、焼いた山栗入りもち、黒豆もち、草もち、えびもち、しょうがもちなど、この地区に伝わる仙女伝説からとって「仙女餅」の名前で売っています。

お客さんに「どれがおいしいの？」と聞かれると、「おばちゃんの一押しはしょうがもち」とすぐに答えます。お客さんの反応は「えー、しょうが？変わってるな」で終わる人もいますが、一度食べた人は「おいしい！」と必ずいってくれます。カメラやビデオで映して、「ブログにのせるわ」と若い人たち。おじいちゃん、おばあちゃんも食べては、「お正月に白もちとあのしょうが入りのもちを宅配で届けてください」といってくれる人も増えてきました。

イベントなどでも、いろんなところに行きますが、しょうがもちは人気があります。

もちは杵と臼でついているので、たいへんです。だけど焼きもちをその場で食べて、「わし、ほうぼうへ行ってもちを食べるけど、一番おいしいかも」といってくれる人もおり、その一言でつらさも忘れられます。

＊

しょうがは土づくりが大切なので、堆肥を使っています。とれたしょうがはスジが少なくてとてもやわらかいです。今までの面積は5aですが、来年は10aに増やす予定です。

これは便利！

しょうがパウダーのつくり方・使い方

編集部

しょうがパウダーのつくり方

皮はむかずに、しょうがを薄くスライスして、カラカラになるまで天日で干す。乾きが甘かったら電子レンジでチン

（写真＝小倉かよ、このページすべて）

ミルにかける

これぐらいの粗さの粉末になった

常温で1年は保存できる

しょうがをパウダーにしておくと、常温で長く保存できるので便利だ。意外と簡単に手づくりできる。

群馬県伊勢崎市の福田益美さんがいつもやる方法は、漢方薬剤師のおじさん仕込み。といっても、しょうがを薄くスライスして、カラカラになるまで天日干しして、ミルにかけるだけ。

「生のしょうがは一度に少しきり使わないでしょ。とっておいてもカビが生えて、ポイなのよね」

その点、粉末なら、ビンに入れておくだけで、常温でも「1年はぜんぜん平気ですよ」。

乾燥で香りも辛さもアップ 料理の隠し味に

福田さんはこの手づくりしょうがパウダーを日々愛用。厚揚げやとうがんなど、クセのない材料を使った煮物には特によく合う。煮物の「隠し味」として最適なのだ。

「しょうがは乾燥させると、香りも辛さも強くなるから、ちょっとの量で料理の味が引き立つのよ。それに健康にいい成分も乾燥させたほうが高まるみたい」

しょうがパウダーを湯で溶き、黒砂糖や蜂蜜で味つけすれば、しょうが湯の完成。風邪気味だった娘さんのご主人が飲んでみたところ……。

「体が温まってボタボタ汗が出てきたんです。風呂に入って寝たら、翌朝にはケロッとしていて、勤めに出ていきましたよ」

絶品！天ぷら粉にしょうがパウダー

岩手県二戸市のタバコ農家、日野沢羊子さんは、集落の母ちゃんたち8人としょうが婦人部を結成。おいしい食べ方を研究したり、イベント販売したり活発に活動している。

そんな羊子さんも、手づくりのしょうがパウダーを愛用。おすすめの使い方は天ぷら。パウダーには繊維が少ない新しょうがを使う。つくり方は、まず新しょうがを1～2㎜にスライスして、アクを抜くため塩水で洗う。その後、水洗いして2～3日天日干し。カリカリになったら家庭用ミキサーで粉砕し、ふるいで大きな破片をとり除けばしょうがパウダーの完成。

パウダーは天ぷら粉をつくるとき、お椀1杯分の小麦粉に対してお好みで小さじ1～2杯分混ぜるだけ。どんな天ぷらにも合い、スパイシーな風味がやみつきになるそうだ。

毎年しょうが3～4kg分のパウダーをつくる羊子さん。ふるいで除いた粗いしょうが片はご飯に混ぜて炊いたり、魚の煮つけに使ったりと、フル活用している。

こんな加工も

しょうがの炊飯器ジュース

埼玉●小澤章三

『現代農業』の記事を参考に、さまざまな果物を使って炊飯器でジュースをつくるようになりました。名付けて「オカマ（お釜）ジュース」です。

中でも、本当は誰にも教えたくないと思ったほど気に入っているのが「しょうがジュース」です。

つくり方は簡単。しょうが1kgを薄切りにして炊飯器に入れ、その上に氷砂糖400gを置き、蓋をして8～10時間保温するだけ（完成したら、しょうがをとり出して濾して飲む。保存は冷蔵庫で。残ったしょうがは醤油や酒を加えて煮ると佃煮にできる）。

薄めて飲んでみると、すばらしい味でした。とくに紅茶に入れて飲むとおいしく、冷え性の人などにはもってこいなのではないかとも思われました。

びっくり！しょうがのスーパー健康効果

食品医学研究所●平柳 要

冷えとり食材ナンバーワン

しょうがといえば、これまでは薬味として、あるいは豚のしょうが焼きのよう臭み消しに使われたりしてきました。しかし、最近では体をぽかぽかと温める効果が注目を浴び、とくに冷え性が気になる女性の熱い支持を集めています。

その背景には、体を冷やす食べものや水分のとりすぎ、過度なストレスや運動不足、肌の露出度が高いファッションなど、体を冷やしやすい生活習慣で、本来36℃台を保っているはずの体温（腋の下）が、35℃台へと低下している傾向がみられます。36℃台の体温が1℃下がると、エネルギー代謝が約12％、免疫力が約30％も下がるといわれ、体の諸機能が低下して、いろいろな病気が発生しやすくなります。

冷えとり食材ナンバーワンともいえるしょうがは、何といっても身近で安価な食材でありながら、驚くほど多くの薬効を持っているため、漢方薬のおよそ7割に含まれています。

しょうがの原産地はインドあたりの南アジアで、3世紀頃に中国を経由して日本に伝わり、平安時代にはすでに栽培されたしょうがが貴族の間で風邪薬として用いられていたという記録が『延喜式』（西暦927年）などの書物にあります。そのほかにも、体を温める効果や消化・吸収を高める効果ならびに解毒・殺菌効果などが古くから知られていました。

医学博士。元日本大学医学部准教授。平成21年「食品医学研究所」を設立。しょうが研究の第一人者として、健康食品の開発などを行なっている。
http://h-and-w.jp

しょうがの健康成分の威力

しょうがには辛み成分で約250種類、揮発成分で約50種類もの成分が含まれており、とりわけ多いのが辛み成分のジンゲロールとショウガオールです。生のうちはジンゲロールが多く、加熱ないし乾燥するとジンゲロールの一部がショウガオールに変化して、その比率が変わります。

▼生（ジンゲロール）―強い殺菌力

ジンゲロールの特徴はその強い殺菌力で、食中毒の原因となる黄色ブドウ球菌や胃潰瘍の元になるヘリコバクター・ピロリ菌などに対し殺菌作用があるため、葉しょうがをかじったり、おろししょうがを刺身の薬味に添えた

しょうがの健康効果

●体を温める効果

ショウガオールは胃腸部の血行をよくして、胸部や腹部を中心に体を温める

●ダイエット効果

ショウガオールはアドレナリンやノルアドレナリンを分泌させ、体脂肪の分解を促進する

●メタボリックシンドロームの予防

脂肪や糖質の腸管吸収を抑え、中性脂肪やLDLコレステロールのほか、血糖値も下げ、脂質異常やインスリン抵抗性を改善する

●動脈硬化（脳卒中・心筋梗塞）の予防

強い抗酸化作用や血液サラサラ効果で動脈硬化を予防する

●悪性腫瘍の予防

ジンゲロールやショウガオールが、ガンの発生を抑える

●関節痛・生理痛・筋肉痛の緩和

ジンゲロールやショウガオールの消炎・鎮痛作用によって、痛みを緩和する

●鎮咳・制吐効果

中枢神経に作用して咳を鎮めたり、胃腸を収縮させて吐き気を誘発するホルモン（セロトニン）の働きを妨げる

●消化・吸収の促進

胃腸の血液循環をよくし、胃腸の働きや胆汁の分泌を高め、消化・吸収を促進、便秘を改善、二日酔いも予防。また、しょうがに含まれるタンパク質分解酵素のジンジバインは肉質をやわらかくする

●殺菌作用

ジンゲロールはピロリ菌、腸炎ビブリオ、歯周病菌などの細胞膜を破壊したり、体の細胞への接着を阻止して、細菌や真菌（カビ）やウイルスなどの増殖を抑える

●免疫力の増強

好中球の数を増やし、マクロファージの活動性を高める。これに体を温める働きも加わって、免疫力がさらにアップする

●花粉症・アレルギー性鼻炎の緩和

ジンゲロールが免疫グロブリンE抗体のつくられる経路をブロックし、ショウガオールがヒスタミンやロイコトリエンなどの化学伝達物質の放出も抑える

りします。

また、ジンゲロールは末端の血管を拡張させて、発汗や去痰ならびに解熱などの作用を発揮します。

▼加熱または乾燥（ショウガオール）
―体の中から温める

一方、加熱ないし乾燥したしょうがや粉末しょうがに多く含まれるショウガオールは胃腸の血行をよくして、体の中心部を温める効果が高いという特

血行をよくして、冷え性を改善

しょうがの健康効果の研究

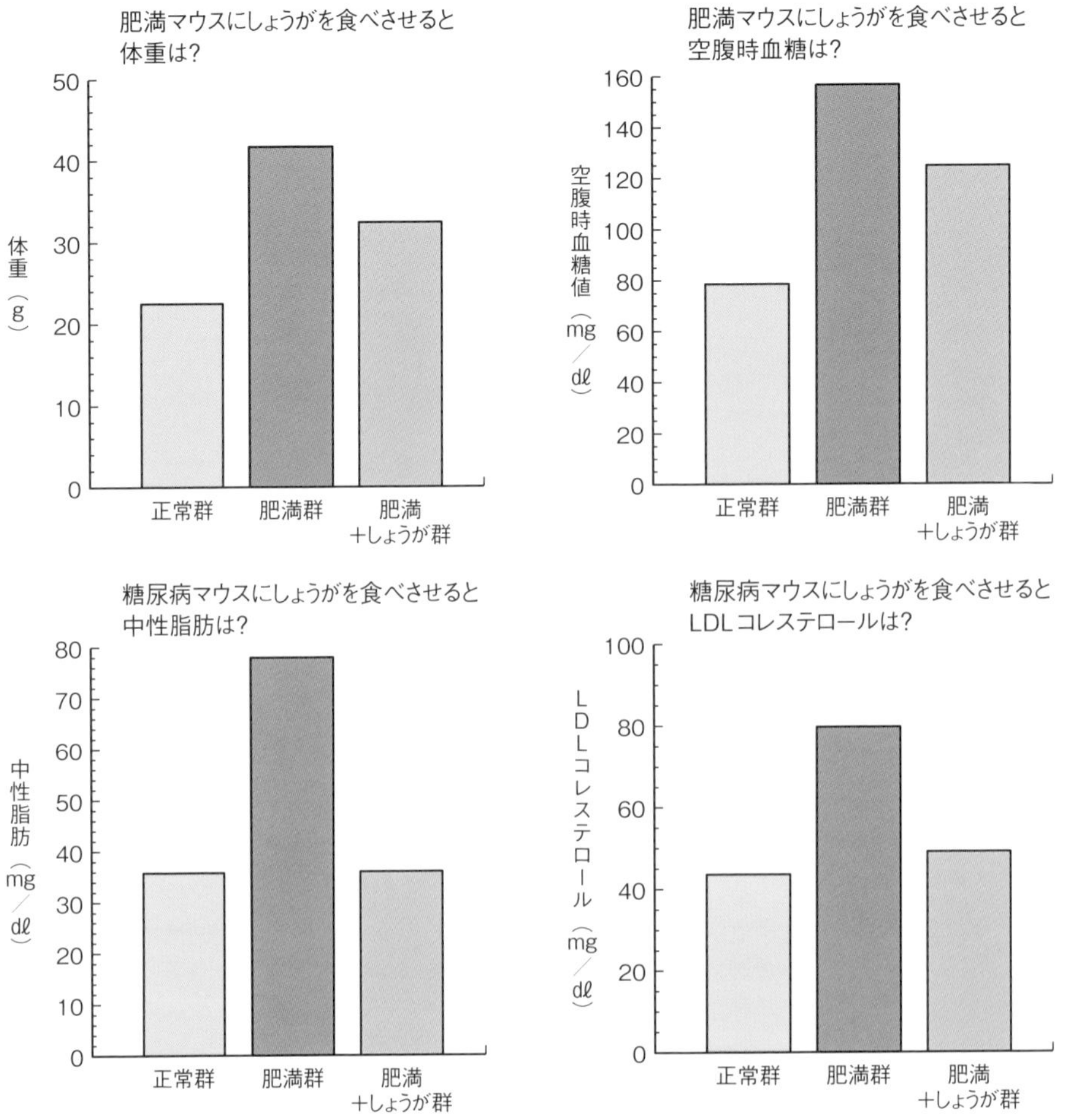
肥満マウスにしょうがを食べさせると
体重は?
体重（g）
50
40
30
20
10
0
正常群
肥満群
肥満
+しょうが群
肥満マウスにしょうがを食べさせると
空腹時血糖は?
空腹時血糖値（mg／dℓ）
160
140
120
100
80
60
40
20
0
正常群
肥満群
肥満
+しょうが群
糖尿病マウスにしょうがを食べさせると
中性脂肪は?
中性脂肪（mg／dℓ）
80
70
60
50
40
30
20
10
0
正常群
肥満群
肥満
+しょうが群
糖尿病マウスにしょうがを食べさせると
LDLコレステロールは?
LDLコレステロール（mg／dℓ）
100
80
60
40
20
0
正常群
肥満群
肥満
+しょうが群

上図はインド・LM薬科大学のGoyal氏らが行なった肥満マウスを使った実験。体重、空腹時血糖値、中性脂肪、LDL（悪玉）コレステロール、いずれも抑制された。
このほかにも、イラン・バボル医科大学のAlizadeh-Navaei氏らが行なった臨床試験で、脂質異常症の45人がしょうが粉末を1日3gずつ45日間とり続けたところ、中性脂肪、LDLコレステロール、HDL（善玉）コレステロールが明らかに改善された。

徴があります。紅茶やココアにしょうがを加え、必要に応じて蜂蜜や黒糖でやや甘みをつけたしょうが紅茶やしょうがココアは体全体を温めるため、寒い日の飲み物として、とくに冷え性の人におすすめです。

ショウガオールの働きで体の血行がよくなると、免疫機能や活性酸素除去機能（抗酸化作用）によって、風邪などの感染症による炎症を抑えたり、アレルギーの発症を抑えたり、ガン細胞の増殖を抑えたり、飲酒による肝細胞の傷害を防いだりします。

メタボ予防にも！

最近、しょうがのダイエット効果やメタボ予防効果が明らかになってきました。ショウガオールはアドレナリンやノルアドレナリンの分泌を高め、これらが体の脂肪細胞の中に入って中性脂肪を筋肉で燃えやすい形に変えるので、しょうがを食べてからウォーキングなどの有酸素運動を行なうと、内臓脂肪や皮下脂肪を効率よくとり除くため、肥満防止に役立ちます。そのほか、中性脂肪やLDL（悪玉）コレステロールを減らしたり、血糖値の上昇を抑えたりする働きがあるため、しょうがは脂質異常の人や血糖値が高めの人にもおすすめです。

　さらに、しょうがは生でも、加熱または乾燥しても、血液をサラサラにする働き（血小板凝集抑制作用）や胃腸のムカムカを抑えて吐き気や嘔吐を抑える働き（鎮吐作用）があります。

肩凝りに「しょうがこすり」

　従来からのしょうが湿布やしょうが湯に加えて、最近は「しょうがこすり」も注目されています。肩などの凝った部位や虫さされなどで炎症を起こした部位、筋肉痛の部位、むくんだ脚などを皮膚の上から生しょうがの切断面でこすることによって、凝りや痛みを緩和できることがわかってきました。

　また、しょうがによる美白やたるみ引き締め効果をねらったコスメの開発も進行しています。

皮に薬効

　しょうがの健康効果を発揮させるには、一日あたり生のしょうがで10g程度、粉末しょうがで1g程度の摂取を目安にします。

　薬効成分は皮に近い部分に多く含まれているため、使用前に流水でよく洗い、できるだけ皮つきのまま使います。

　また、しょうがを保存するときは、湿らせたクッキングペーパーに包んで14℃くらいの室内におくか、夏場はラップに包んで冷蔵庫の野菜室に入れておきます。また、すりおろした状態で薄くラップに小分けして包み、冷凍しておき、使う分量だけとり出すようにすると重宝します。

　このように、「食べる万能保健薬」とも呼ばれるしょうがを、目的に応じて生や粉末あるいは加熱ないし乾燥して日常的に食べることにより、ガン、心血管病（動脈硬化・心筋梗塞・脳卒中）、糖尿病などの生活習慣病のほか、アレルギー性疾患や認知症ならびに感染症などの予防にも役立ちます。

脂肪を燃やして、メタボ予防

しょうがこすりで、肩凝り緩和

ちょっと役立つ しょうがの話

しょうがにもいろいろ……

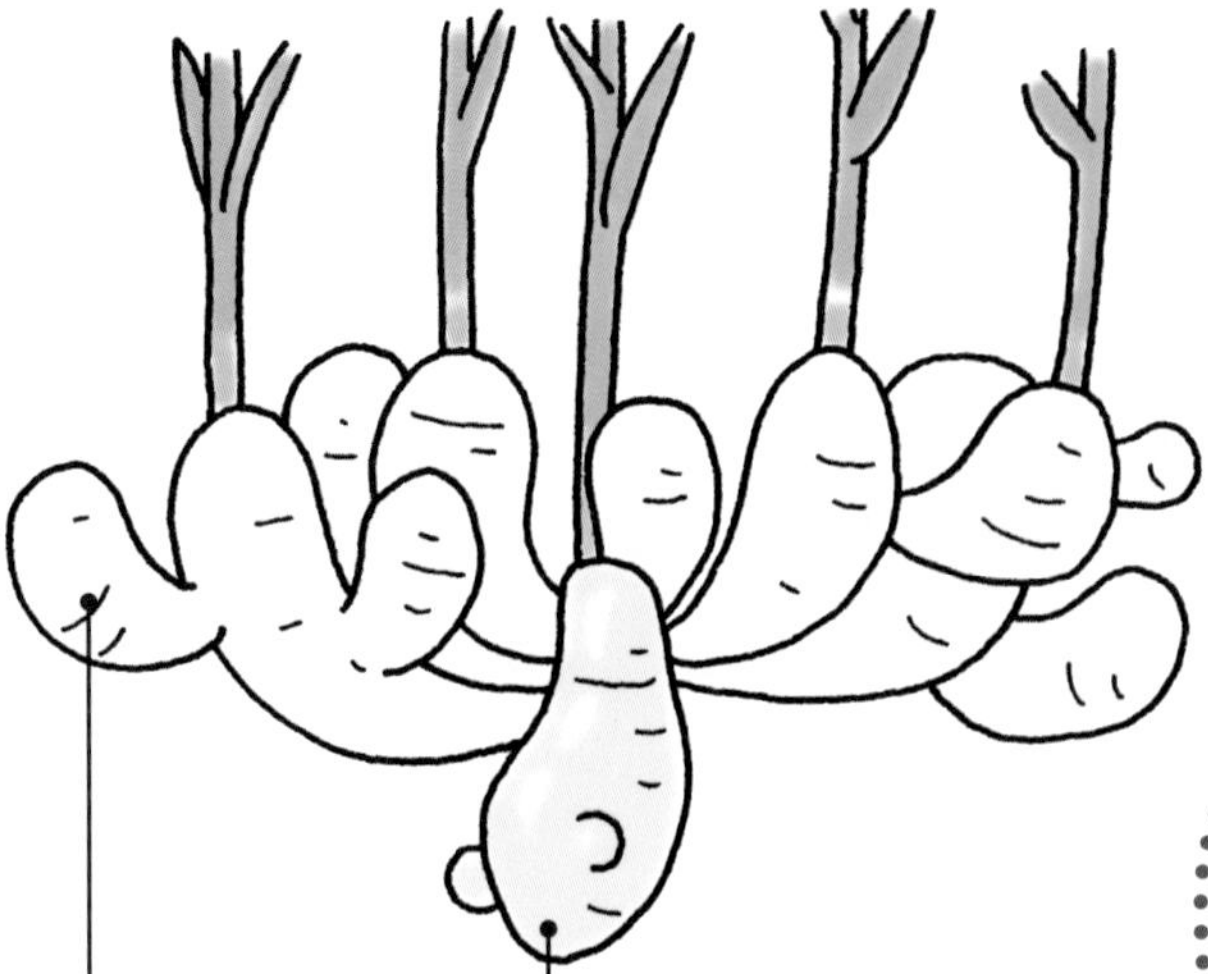

植え付けた種しょうがからどんどん分岐して、新しいしょうががたくさんつく。200gの種しょうが（コブ2つ分）から2kgのしょうががとれることもある

親しょうが

もともと種しょうがだったもので、繊維質が多くてかたく、辛みが強い。28ページの桐島さんは、この親しょうがも使ってジンジャーシロップをつくっている

葉しょうが

塊茎があまり大きくならない品種を植え付けて、早めに収穫。東京の谷中しょうがや静岡の久能葉しょうがが有名

収穫してすぐ使える　新しょうが

繊維質がやわらかく、辛みもきつくないので、生で食べられる。甘酢漬け（9ページ）などにしてもいい

貯蔵して年中使える　ひねしょうが（古しょうが・囲いしょうが）

10℃以下になると腐ってしまうので、地下穴や貯蔵庫などで、13～15℃、湿度70～80％の条件で貯蔵。色が濃くなり、繊維質ができ、辛みも強い。薬味や魚の臭み消しにもぴったり

しょうがパワーにもいろいろ……

生のしょうが
——殺菌効果

刺身にしょうがのすりおろしが
添えられているのはそのため

「ジンゲロール」という成分が
含まれていて、食中毒の原因に
なる悪玉菌を退治してくれる

変身

しょうがを加熱すると、
「ジンゲロール」が「ショウガオール」
という成分に変わる

加熱したしょうが
——体ぽかぽか効果

しょうが紅茶
しょうが
カップスープ
しょうがあめ
しょうが
おかゆ

最近では、ぽかぽか効果をうたった
商品が多数出回り、売れ行きが伸び
ている。特に冷え性に悩む若い女性
が注目

「ショウガオール」は血行をよくして、
体の中から温める効果がある。しょう
が10gでエネルギー消費は3時間も
続き、これは唐辛子の約6倍

ゾクッとしたとき、体にやさしく温まる

ぽかぽか　しょうがの飲み物

具合が悪くて食事をつくる気力がないときは、
さっとつくれて体を温めるしょうがの飲み物が強い味方。
つくり方も簡単だから、家族や友人にも気軽につくってもらえそう。

料理・レシピ=編集部（しょうが湯、第一大根湯、しょうが豆乳）
写真=武藤奈緒美

＼寒気がしたとき／

しょうが湯

ゾクッとしたら、この１杯
体が温まり、発汗作用も抜群

〈材料〉１人分
しょうがの絞り汁…小さじ１～２
熱湯…150cc
蜂蜜…小さじ1

〈つくり方〉

しょうがの絞り汁を湯のみに入れて、熱湯を注ぎ、蜂蜜を加えてよく混ぜる。しょうがの味と香りがピリッと効いている。

＼発熱したとき／

第一大根湯

大根としょうがのコンビが
高熱をゆっくり冷ます

〈材料〉つくりやすい分量
おろし大根…大さじ3
おろししょうが…小さじ1/4
醤油…小さじ1/4～1/2
番茶または熱湯…200cc

〈つくり方〉

おろし大根におろししょうがと醤油を加え、熱い番茶または熱湯を注ぐ。大根としょうがの風味が効いた醤油味の汁。

寒い夜のお供に

しょうが豆乳

しょうがが体を温め
豆乳がタンパク質を補給

〈材料〉１人分
無調整豆乳…150cc
おろししょうが…1かけ分
蜂蜜…適宜

〈つくり方〉

無調整豆乳を鍋に入れて火にかけ、おろししょうがと蜂蜜を加えて温める。しょうがで豆乳臭さが抑えられ、ほのかに甘い。

◎好みでカルダモン、クローブ、シナモンなどを加えてもよい。

料理・スタイリング＝Hikaru

ジンジャーの
ショコラショー

水だけで溶いた、シンプルだけど
体が温まる濃厚な１杯

〈材料〉４人分
チョコレート（ブラック）…50g
水…1カップ
しょうがのスライス…5枚
黒砂糖…大さじ1
干しリンゴ（紅玉を縦にスライスして1週間ほど干す）…適量

〈つくり方〉
1　小鍋に材料を入れ中火にかける。へらでよくかき混ぜながら、沸騰したら火から外す。これを3回ほど繰り返す。
2　カップに注いでいただく。好みで干しリンゴとともに。

痛みが和らぐ自然な手当て
しょうが湿布、しょうが油

文●阪本美苗／絵●阪本卓志

しょうが湿布

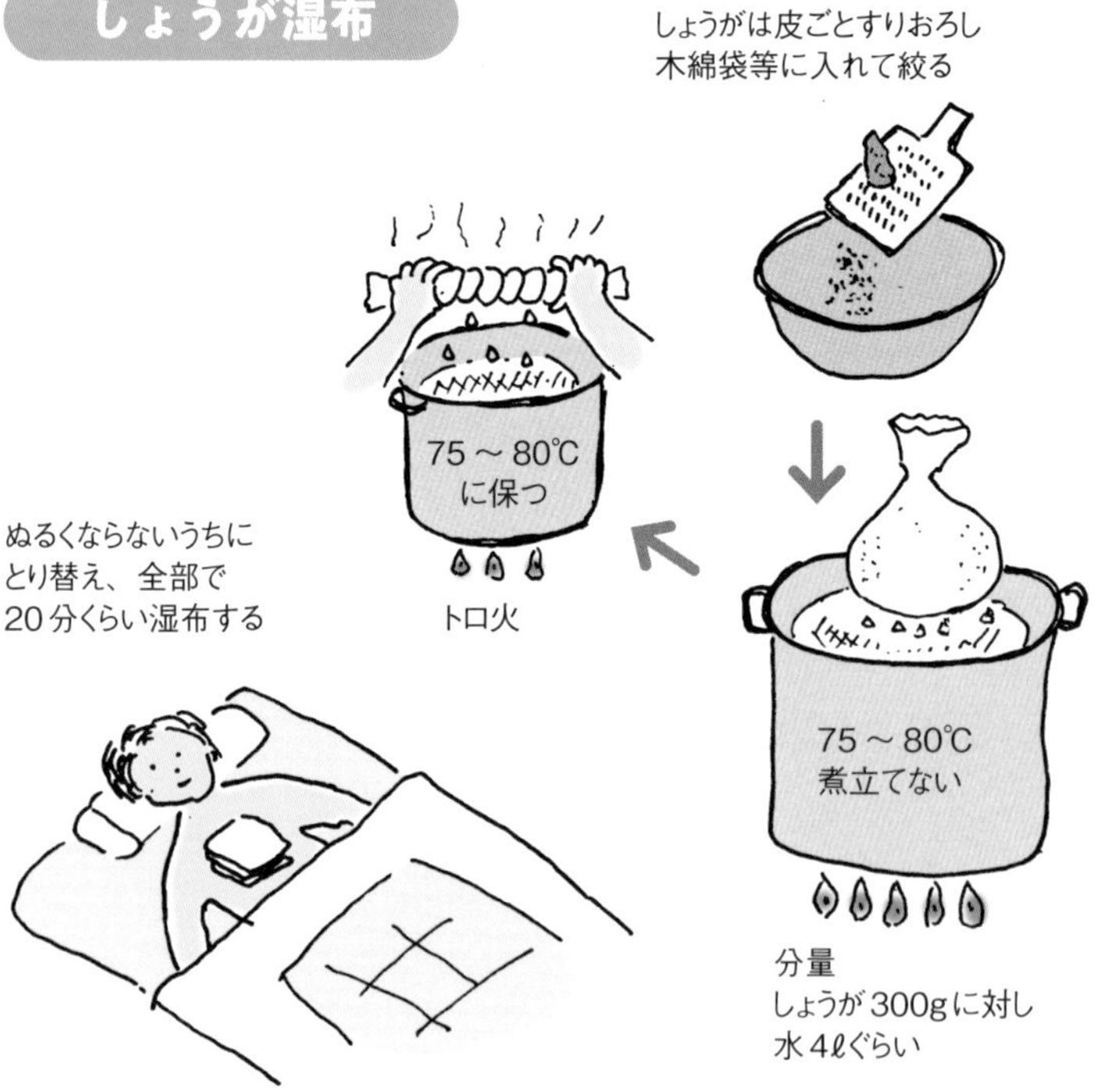
しょうがは皮ごとすりおろし
木綿袋等に入れて絞る
75～80℃
に保つ
ぬるくならないうちに
とり替え、全部で
20分くらい湿布する
トロ火
75～80℃
煮立てない
分量
しょうが300gに対し
水4ℓぐらい

痛みと腫れが引く しょうが湿布

日々の自然な手当てで使う野菜の中で、一番薬効があるなあと感じるのは、なんといってもしょうがです。しょうがの辛味成分には殺菌作用が、あの独特の香りには発汗・解熱・消炎効果があるそうです。

このしょうがの絞り汁を使ったしょうが湿布（温湿布）は、さまざまな痛みに効果があります。しょうがの成分が血管を広げ、酸化して淀んでいる血液を流してくれるので、患部の腫れが引き、痛みがやわらぐのです。

まず大きめの鍋に75～80℃のお湯を沸かし、しょうがの絞り汁を入れます。タオルを浸して絞り、ちょっと熱めで気持ちよいくらいの温度を確かめてから、患部に当てます。その上から保温用に乾いたタオルとバスタオルをのせます。

手当てしてあげている人に「ぬるくなってきた?」と聞きながら、冷める前に次のタオルをしょうが湯に浸し、交換します。交換するときは、温めた患部が冷えないよう、前のタオルの上に次のタオルをのせ、下のタオルをサッと引き出すようにします。

風邪のとき、呼吸がラクになる ガンの痛みも和らいだ

この手当ては手間がかかりますので、私も「かなり重症だな」と思うとき以外は滅多にやりませんが、覚えておくと一生役に立ちます。娘のみづほには、かなり呼吸が苦しそうな風邪のとき胸にしてあげましたが、呼吸がスーッとラクになり、ぐっすり眠って治りました。しょうが湿布は大人の肩凝り、腰痛、胃潰瘍、そしてガンの痛みにも卓効があります。

私の父が肝臓ガンの末期で、熱と痛みに苦しみ薬もきかなかったとき、実家に帰って4日間、しょうが湿布と里

しょうが油

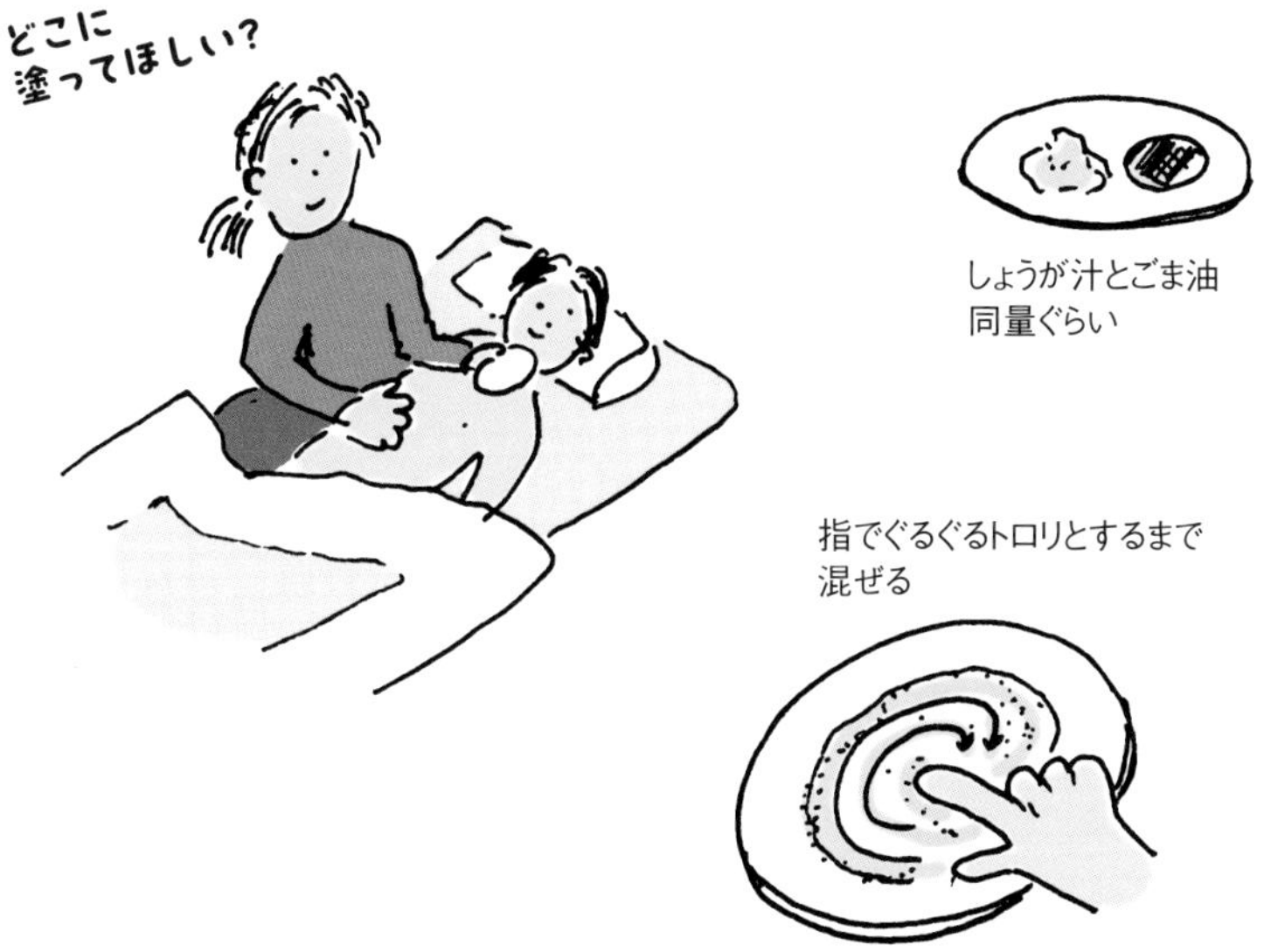
どこに
塗ってほしい？
しょうが汁とごま油
同量ぐらい
指でぐるぐるトロリとするまで
混ぜる

いもパスター（貼り薬）、そして青菜枕をしました。すると驚くほど痛みもとれて、熱も下がり、改めて手当ての力を感じました。

軽い痛みのとき、気軽にできるしょうが油

しょうが湿布をやるほどでもない軽い痛みにはしょうが油が便利です。しょうが少々をすりおろして、絞り汁を小皿にとり、同量のごま油を垂らして、指で急いでグルグルと混ぜ合わせます（マヨネーズとドレッシングの中間ぐらいの感じ）。これを、頭痛や肩凝りなど痛むところによくすり込みます。咳や喘息のときは、胸と背中にすり込みます。しょうがの薬効に加えてマッサージ効果もあるので、気持ちがよく、子どももとても喜びます。

このように、しょうがはいざというとき、たいへん重宝します。なお、大しょうがより小さい品種のほうが、また新しょうがよりひねしょうがのほうが、より薬効が高いようです。みなさんもぜひ、自家用だけでもしょうがを栽培して、常備なさってください。

しょうがの絞り汁が円形脱毛症にきく!?

京都府、木津川市の駒《こま》克枝《かつえ》さんに円形脱毛症を治す方法を教えてもらいました。方法は簡単。すりおろしたしょうがをガーゼに包んで患部にチョンチョンチョンとつけるだけ。ポイントは患部のぐるりからチョンチョンすることです。これを朝晩毎日行ないます。

克枝さんの義兄さんが実際にやってみたところ、１カ月もしないうちに治ったといいます。

克枝さんは、この方法を克枝さんのお父さんから教わったといいます。お父さんは元軍医でこういう話をたびたび聞かせてくれたそうです。

しょうがの栽培ごよみ

編集部

しょうがは家庭菜園でもつくりやすい
自分で育ててどんどん食べよう

しょうがの栽培ごよみ（南関東の場合）

	1月	2	3	4	5	6	7	8	9	10	11	12
根しょうが（露地栽培）			畑の準備	伏せ込み		第1回追肥と中耕	土寄せ、敷きワラ	第2回土寄せ		収穫・貯蔵		

（『新 野菜つくりの実際　軟化・芽物』より引用）

種いもはどうやって入手する？

しょうがは種ではなく、種いも（根茎）を購入して育てる。植え付け時期は3～5月頃で、この時期が近づくとホームセンター等で種いもを購入することができる。前年に自分で育てたしょうがを土中などに貯蔵しておき、種いもにしてもいい。

スーパーに並んでいるしょうがを埋めても芽が出ることもあるが、カットの際芽が除かれていることもある。

品種はどんなものがある？

しょうがには、大しょうが、中しょうが、小しょうがという3つのグループがある。辛みは小しょうががもっとも強く、次いで中しょうが、大しょうがの順になる。市販されているしょうがのほとんどは大しょうが。1株1kg以上に大きくなる。

どうやって育てる？

しょうがは地力でつくる作物といわれる。畑には完熟堆肥を1㎡あたり2kgくらい入れて、ほくほくの土にして

しょうがの栽培 DATA

萌芽条件　15℃以上、光は必要としない

温度　生育適温25～30℃、生育限界15℃、貯蔵適温13～16℃

日照　耐陰性はあるが、しょうが（塊茎）の生育には多日照がいい

土壌　好適pH5.5～6.0。適応性が高い。排水性、保水力に富む圃場がとくに適する

病害虫

病気：根茎腐敗病、紋枯病、腐敗病、萎縮病

害虫：アワノメイガ、イネヨトウ、ネキリムシ類、ネコブセンチュウなど

品種　小しょうが（在来、まだれ、三州赤、三州白、金時など）、中しょうが（房州、中太、らくだなど）、大しょうが（インド、近江、おたふくなど）

おく。植え付け前には石灰160g、化成肥料130gくらいを元肥として施肥。水はけが大事なので、水はけが悪い畑ではウネを高く立てておく。

種いもは1個200g程度に手で折って分割しておく。霜に弱いので、遅霜の心配がなくなってから植え付け。

幅210〜240cmくらいのウネに、ウネとは直角方向に深さ10cmの溝を掘り（70cm間隔で溝をつくる）、種いもを1溝あたり6〜7株置いて土をかぶせる。

6月上中旬には追肥（化成肥料）を1㎡あたり100g程度施して、株間を耕しておく（中耕、除草効果も）。

7月上中旬に5cm程度土寄せし、乾燥防止にワラを敷く。8月中旬までには2回目の追肥も行なう。

8月以降、地中の塊茎が地上に露出してくるので、見つけたら土をかぶせて埋める（そのままにすると品質が悪くなる）。

しょうがは多湿を好むので、7月上旬〜9月上旬に夕方水やりをすると、増収・品質向上になる。

11月、霜が降りる前に収穫し、その日のうちに貯蔵する（種いもの部分も食べられる）。

（参考：『新 野菜づくりの実際 軟化・芽物』（農文協））

湿ったモミガラで しょうがを長期保存できる

鹿児島●有馬正雄

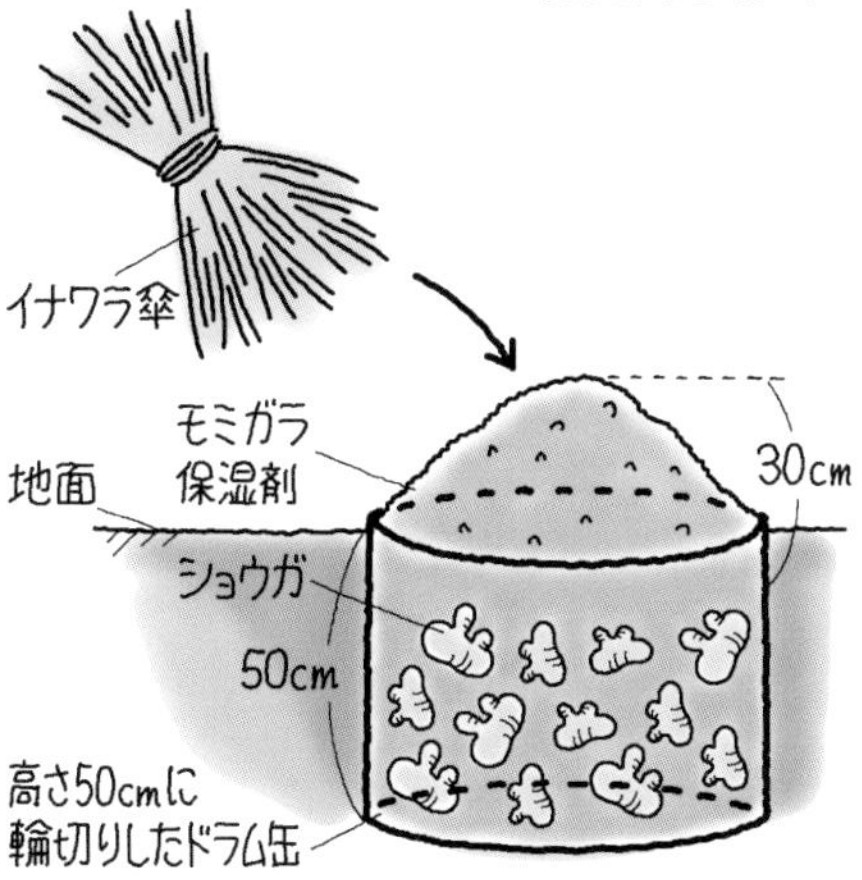

しょうがの保存には温度のほかに湿度も重要です。そこで私が利用しているのが、湿ったモミガラです。

乾燥したモミガラは水をはじくので保湿効果はありませんが、長期間野ざらしにしておくと、水分を含むようになります。私は、底を切り落として高さ50cmに輪切りしたドラム缶に、モミガラを詰めて1年野ざらしにしたものを使います。

11月、しょうがを収穫すると、土付きのまま茎を切り落とし、長さ50cmに切ったドラム缶（底は抜く）を土に埋めた穴倉に埋めます。

まず、底に少量の湿ったモミガラを敷いてやり、その上に一株一株丁寧にしょうがを横に寝かせてやります。隙間にもモミガラ保湿剤を落とし込みます。地表から10cm下まで詰め終えたら、その上からも円錐状にモミガラ保湿剤を積み上げます。最後に円錐形のイナワラ傘をかぶせたら「しょうが保存用の竪穴式住居」の完成です。イナワラ傘は雨よけと保湿効果があります。イナワラ傘から少々雨水が侵入しても大丈夫です。

この地では冬期、屋外の水道栓が凍ったり、霜が何度も降りますが、9年間1株も枯れたことはありません。

使うときは、竪穴式住居から少量ずつとり出して、ポリバケツやビニール袋にモミガラ保湿剤と一緒に入れておきます。温度と湿度の条件が整っていれば、いくらでも日持ちします。

みょうが
を食べる

さわやかな香りで、夏の薬味に欠かせない野菜。
でも、薬味だけではもったいない。
もりもりおいしく食べて、みょうがの栄養をたっぷりもらおう。

花みょうが

写真＝小倉かよ

みょうがって どんな植物？

ここがすごい！

- さわやかな香りで消化促進
- 辛み成分には抗菌、抗ガン作用も
- 美白効果も期待できる！？

DATA

分類：ショウガ科ショウガ属

原産地：東アジア

香り・栄養成分など：アルファピネンという精油成分がみょうが独特の香りを生み出す。発汗、呼吸、血液の循環を促し、胃液の分泌も活発にする。色素はアントシアニンで、酢に漬けると鮮やかな赤紫色になる。辛み成分はミョウガジアールで、抗菌作用、抗ガン作用、血小板凝集阻害活性などがある。メラニン阻害物質も含んでおり、美白効果も期待できる。

食べ方・利用法：花蕾（花みょうが）を薬味、甘酢漬けなどに。茎を軟化させたみょうがたけも利用される。みょうがの葉はさわやかな香りがあり、抗菌作用もあるため、葉でもちなどを包む地域も多い。

とれる時期

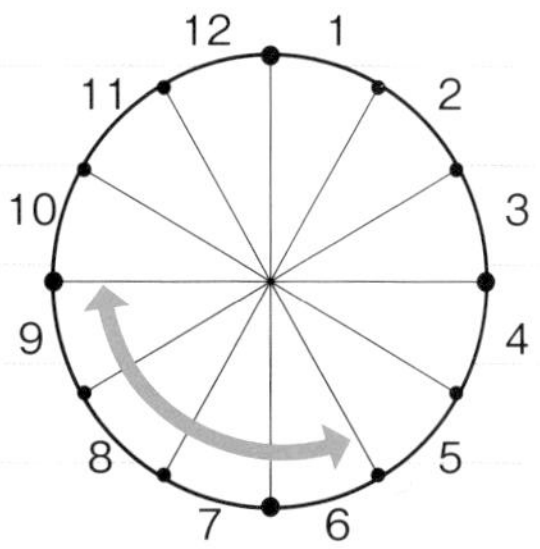

みょうがたけは6～7月、
花みょうがは7～9月頃が旬

みょうがたけ

地下茎から出る茎を伏せ込みや囲いで軟白化させたもの。春～初夏に出回る。シャキシャキとした歯触りがおいしい。天ぷらや甘酢漬けに（写真＝田中康弘）

みょうがの花（写真提供＝堀一之）

みょうがの料理

写真=五十嵐公　スタイリング=本郷由紀子
料理・レシピ=編集部
（以下 67 ページ上まですべて）

みょうがをたっぷり使う富山県のすし。本来はサクラマスなどを使いますが、ここではトラウトサーモンでつくりました。見た目にも華やかで、思いついたらすぐできる手軽さも魅力です

みょうがずし

思い立ったらすぐできる　さわやかな夏の混ぜずし

〈材料〉4人分

【すし飯】

米…4合

水…4カップ

合わせ酢

- 酢…1/4カップ
- 砂糖…大さじ4
- 塩…小さじ1/4

【具】

- 刺身用鮭またはトラウトサーモン（あればサクラマス）…250g
- 酢…1/4カップ
- 砂糖…大さじ4
- 塩…小さじ1/3

- みょうが…8～10個（細切り）
- 塩…小さじ1

- 青じそ…20枚（せん切り）
- 塩…少々

白ごま…大さじ1

〈つくり方〉

1　鮭は刺身用の大きさに切り、2時間ほど調味料に浸ける。

2　みょうがは塩でもむ。青じそも塩でもみ、水に浸してアクを抜いて絞る。

3　炊き立てのご飯に合わせ酢を回しかけ、うちわなどであおいで冷ましながら切るように混ぜる。

4　**1**、**2**を混ぜて、ごまを散らす。

みょうがの甘酢漬け

ほどよい酸味とポリポリ食感

鮮やかな紅色は、みょうがのアントシアニンが酢の酸に反応して自然に出てくる色。おかず、おつまみ、お弁当にも最適です

〈材料〉750mℓビン1本分

みょうが…15個（250g）

A
- 酢…1/2カップ
- 砂糖…50g
- 塩…15g

赤唐辛子…1本

〈つくり方〉

1　みょうがは洗ってザルにのせ、1日陰干しする。干す代わりに、さっとゆでてもいいが、干すほうがピリッとした風味が残る。

2　Aを砂糖が溶けるまで沸騰しないよう火にかける。

3　**1**と唐辛子をビンに詰めて冷めた**2**を注ぎ、密閉する。1日浸けると液がきれいに色付き、味がしみる。そのまま食べても、細く切ってそうめんなどにのせてもおいしい。冷蔵庫で約1カ月保存できる。

いなかずし

ゆず風味のすし飯がおいしさの決め手

高知県の山間部でつくられるにぎりずし。ゆずの風味がきいたすし飯とみょうがはさっぱりした味わい。
じっくり味のしみたこんにゃくや椎茸と食べると、次から次へと手がのびます

〈材料〉各5～6個分

【すし飯】

米…1.5合
水…1.5カップ
合わせ酢
- ゆず酢（ゆずの絞り汁。なければ米酢などでよい）…大さじ2
- 砂糖…大さじ3
- 塩…小さじ1/2

しょうが…1/3かけ（みじん切り）
白ごま…大さじ1

【具】

- みょうが…3個
- ゆず酢、砂糖…各大さじ1

- こんにゃく…1枚（200g）
- だし汁…1カップ
- 醤油、砂糖…各小さじ2
- 塩…小さじ1/4

- 干し椎茸…小5～6枚（水で戻す）
- 椎茸の戻し汁…1/2カップ
- 醤油、砂糖…各大さじ1/2

〈つくり方〉

1　みょうがは縦に半分に切り30秒ゆでる。調味料に浸し、しんなりしたら芯に切り込みを入れて平らにする。

2　こんにゃくは1枚の長い辺を3等分し、厚さを半分にして6つにし、袋状になるように切り込みを入れる。破れない程度に刃を入れ、中が大きく開くようにする。椎茸は軸をとる。それぞれだし汁（戻し汁）と調味料で汁がなくなるまで煮て冷ます。

3　炊き立てのご飯に合わせ酢を回しかけ、しょうがを加えて混ぜる。うちわなどであおいで冷ましながら切るように混ぜる。少し冷めたら、ごまをふり入れて混ぜる。

4　すし飯を30～35gににぎり、水気を切ったみょうがと椎茸はすし飯にのせ、こんにゃくは中にすし飯を詰める。

夏の山形県では定番のご飯のお供。
夏野菜と一緒にご飯をたくさん食べられる

だし

**夏野菜がたっぷり
サラダのように食べられる**

〈材料〉2人分
なす…1本（粗みじん切り）
きゅうり…1本（粗みじん切り）
みょうが…2個（小口切り）
青じそ…10枚（せん切り）
がごめ昆布*…5g
かつお節…1パック（5g）
醤油…大さじ1

*細切りタイプはそのまま、板状タイプは、はさみで野菜と同じくらいの大きさにカットする。

〈つくり方〉
切った野菜に、かつお節と醤油、昆布を入れてよく混ぜ、1時間ほどおく。ご飯や冷ややっこにかけるほか、焼いた肉や魚に添えてもおいしい。

みょうがの田楽

**みずみずしい香りと
甘い味噌だれが食欲をそそる、
青森県弘前市のふるさと料理**

〈材料〉2 串分
みょうが…5個
味噌…大さじ4
みりん…大さじ2

〈つくり方〉
1　味噌をみりんでのばしておく。
2　みょうがは縦半分に切り、5個ずつを竹串に刺し、裏表をさっとあぶる。火が通ったら、まわりに味噌を塗ってまたあぶる。香ばしく焦がさないように焼く。

写真=高木あつ子
スタイリング=本郷由紀子
料理・レシピ=編集部

（料理・写真＝小倉かよ、以下 O も）

みょうがの福袋焼き

とろ～りチーズとみょうががおつまみにぴったり

高知県● JA 土佐あき園芸女性部

〈材料〉４人分
みょうが…5 ～ 6 個
油揚げ…4 枚
青じそ…4 枚
ハム…40g
とろけるチーズ…4 枚

〈つくり方〉

1　みょうが、青じそはせん切りにし、チーズ、ハムは半分に切る。

2　油揚げは半分に切る。

3　**1**をすべて油揚げの中に入れ、楊枝でとめる。

4　フライパンでじっくりと焼く。

5　好みのたれ（醤油、ポン酢、マヨネーズなど）をつけて食べる。

このレシピは、JA土佐あきの広報紙に載せるために考えました。みょうがをたくさん使ってもらえるし、簡単にできる。みょうががちょっと苦手でも、チーズが入ることで食べられる人もいるのかなと思いました。

みょうがをはじめ材料をすべて油揚げの中に入れる（O）

(O)

みょうがのお好み焼き

シャキシャキとして意外なおいしさ

高知県●須崎農業振興センター

〈材料〉 直径20㎝2枚分

みょうが…6個
みょうがの甘酢漬け…200～250g程度
季節の野菜（キャベツ3枚、長なす1/2個）
A 市販のお好み焼き用の粉…100g
　卵…1個
　削り節…適量
油…適量
お好み焼きのソースと青のり…適量

〈つくり方〉

1　みょうがはせん切りにして水にさらし、季節の野菜は食べやすい大きさに刻む。みょうがの甘酢漬けも3分の2くらいを刻む。
2　Aの材料に、水を加えて混ぜ、生地をつくる。
3　**2**の生地に、**1**の野菜を入れて混ぜる。
4　フライパンあるいはホットプレートに油を薄く引いて、両面に焦げ目がつくまで焼く。
5　ソースと青のり、残りのみょうがの甘酢漬けをのせる。

　手早くつくれるため、農家が雇用さんのおやつに出しているものです。

　ポイントは、みょうがの甘酢漬けをトッピングに加えること。香りとシャキシャキした歯ごたえが楽しめます。みょうがの甘酢漬けは、市販のらっきょう酢に漬けるだけ。きれいなピンク色に仕上がります。茎元のほうが歯ごたえがあります。

　削り節に代えて、だし汁（めんつゆなど）を使ってもかまいません。

「みょうがは薬味に使う程度」なんてとんでもない。しっかり味を主張している

みょうがの煮びたし

みょうがの香りが食欲をそそる

高知●小松加奈子

〈材料〉

みょうが…15個
油揚げ…2枚
砂糖…大さじ1
醤油…小さじ1
粉末だし…小さじ1

〈つくり方〉

1　みょうがは縦に4等分に切る。油揚げは細いせん切りにする。

2　鍋にみょうがと油揚げ、調味料を入れ、3～4分ほど箸で混ぜながら炒める。水分が出て、煮びたしのようになる。

義母から「みょうがはなすと煮たらおいしい」とか、「かぼちゃと煮てもいい」と聞いていました。それなら、みょうがだけを煮ればみょうががたくさん使えると思い、だしに油揚げ（地元のてんぷら・じゃこてんでも可）を使って煮てみました。みょうがの香りが食欲をそそる、おいしい煮びたしになりました。

みょうがから水分が十分出るので、水を加える必要はありません。サッと短時間で仕上げたほうがみょうがの風味と食感が残り、おいしいです。

写真=高木あつ子

みょうがの葉焼きご飯

千葉県東金市の家庭料理　協力=（一社）日本調理科学会、鬼原一雄、中路和子

〈材料〉3 ～ 4個分
残りご飯…100g
小麦粉…大さじ2と1/2
味噌…大さじ1/2
砂糖…大さじ1/2
油…適量
みょうがの葉…3 ～ 4枚

〈つくり方〉

1　みょうがの葉はきれいに洗い、水気を切る。

2　ご飯をさっと洗い、水気を切る。

3　小麦粉、味噌、砂糖を混ぜ合わせ、**2**を加えて混ぜる。ご飯の粒を軽くつぶしながら手でまんべんなく混ぜる。

4　みょうがの葉の表側に油を薄く塗り、**3**を葉の幅の広いところに小判形に平たくのばす。厚さは5㎜程度までが適当。

5　葉を二つ折りにしてはさむ。

6　フライパン等で葉に焦げ目がつくくらいまで両面を焼く。葉をむいて食べる。

◎時間がたってかたくなったご飯は、洗うことで粉や味噌と混ぜやすくなる。ご飯自体も水を含んでおいしくなる。

県のほぼ中央部に位置する東金《とうがね》市の極楽寺地区は農村地帯で、昔は米に加えて小麦もよくとれました。初夏、山の端や庭の木陰にあるみょうがが大きくなってくると「食べようかね」とみょうがの葉焼きご飯をつくりました。ご飯と小麦粉、味噌、砂糖をこねた生地は食べごたえがあり、みょうがの香りもさわやかで、ついもうひとつと手が伸びます。時季になると主食としてもおやつとしてもよく食べていたそうです。葉っぱではさんでいるので、手づかみで食べられることも、忙しい農家の暮らしに合っていました。

みょうがの栽培ごよみ

編集部

一度植えれば何年も収穫できる
半日陰の涼しいところに植えよう

みょうがの育成過程と栽培ごよみ

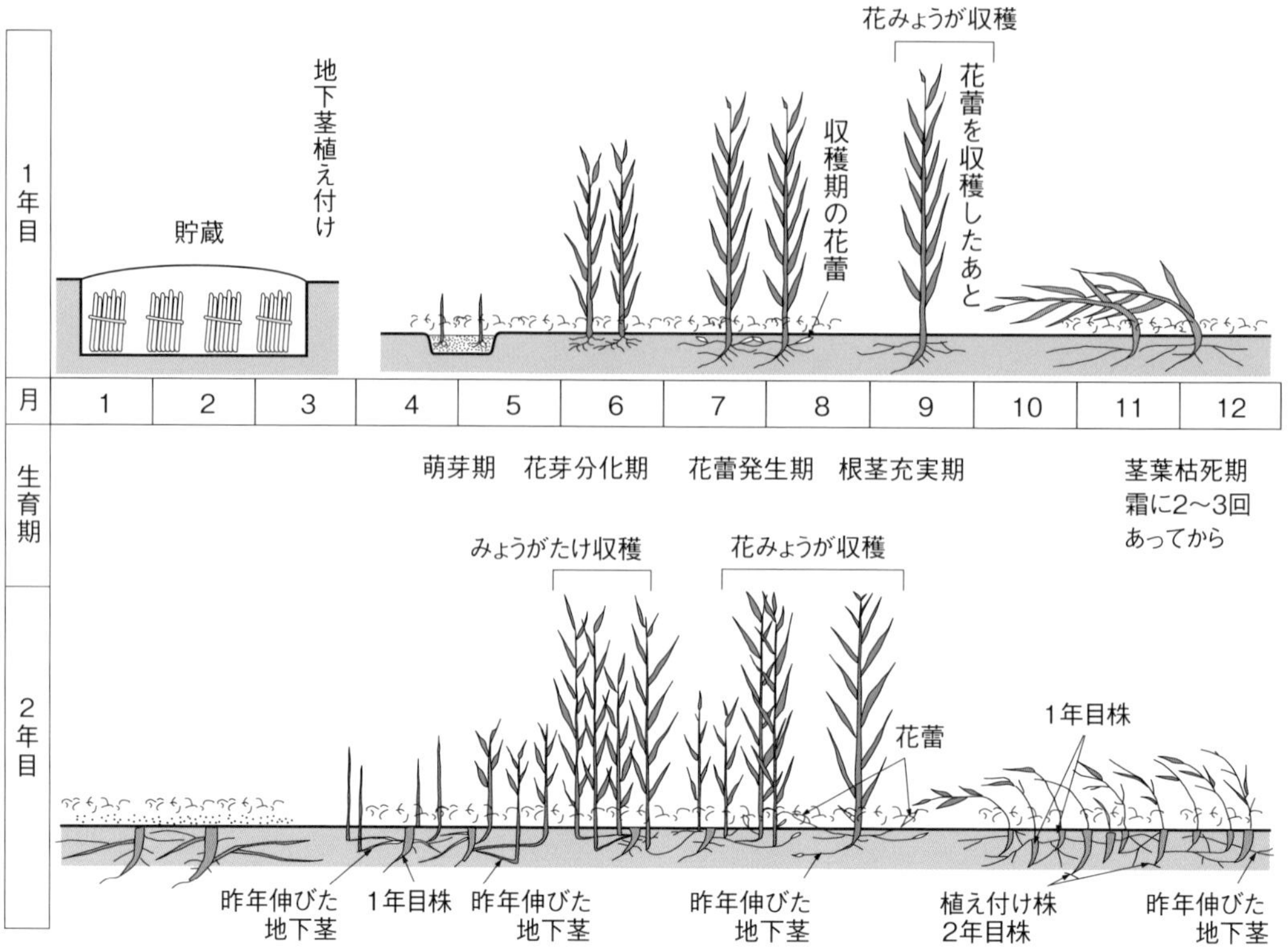

苗はどうやって入手する？

みょうがは種ではなく、地下茎を植える。初めて栽培するときは、苗（地下茎）を冬に種苗店などで購入する。

また、初夏（6月頃）に伸びてきた茎葉を根元から掘り上げて、別の場所に植えて育てることもできる。

品種はどんなものがある？

大きく夏みょうが（早生種）、秋みょうが（中生種、晩生種）に分かれる。花蕾（花みょうが）ができるのは、夏みょうがで7月中旬から、秋みょうがで9月中旬からである。

秋みょうがは地下茎が増えやすく、みょうがたけの基部の紅色がよく出るので、みょうがたけを販売したいときにおすすめだ。

どんな場所に植えるといい？

日照が強すぎると葉が焼けてしまうことがあるので、半日陰の少し湿った場所が育てやすい。午前中に日が当たり、午後には日陰になるような場所がベスト。果樹園の木陰に植える農家もいる（76、80ページ）。住宅の東側、北側などでもいい。

どうやって育てる？

①植え付け

植え付ける場所には、前もって完熟堆肥を1㎡当たり1kg、熔リンを60gくらい施す。元肥は必要ない。

地下茎の植え付けは左の図を参照。

6月に間引き苗を植える場合は、植え付けの溝を少し深めにつくり、15cm間隔で埋めて土を寄せておく。溝の間隔は60cmくらい。

②追肥、落ち葉敷き込み、水やり

植え付けた年は、4月中旬頃と6月中下旬の2回追肥をすると生育がよくなる。化成肥料を1回1㎡あたり100gくらいばらまく。

落ち葉は4月中下旬に、1㎡あたり約5kgくらい敷くのが理想（畑全面を覆うように敷く）。乾燥や雑草の発生を防ぎ、品質のよいみょうがをとるため。広葉樹の落ち葉が最適だが、麦わらや杉の葉などでもいい（83ページ）。

6月下旬~7月の梅雨に雨が少ないと収穫量が減るので、畑に水やりし、落ち葉が常に湿っているようにする。

③収穫

1年目は9月頃から、花蕾（花みょうが）が収穫できる。2年目以降はもっと早く花蕾ができる。

④冬の落ち葉敷き込み、肥料やり

冬にみょうがの茎葉が枯れたら刈る。周りの落ち葉を植え溝の上にかきあつめて肥料を施す（1㎡あたり化成肥料120g、熔リン40gくらい）。その周囲に新しい落ち葉を敷いて、肥料入りの古い落ち葉をその上に広げる。

⑤間引き

植え付け4年目頃から株が混み合ってくるので、12月か3月に地下茎をところどころ掘り上げて間引く。

（参考：『新 野菜づくりの実際 軟化・芽物』『ミョウガ―三つの栽培法』（農文協））

みょうがの栽培 DATA

萌芽条件　15℃くらいから萌芽が始まる

温度　生育適温は20～23℃。30℃以上、14～15℃以下では生育が阻害される。地上部は耐寒性が弱く、霜にあうと枯死、倒伏する

日照　半陰性植物で、強光線下で生育すると生理的葉枯れ症状が現れる

土壌　腐植質の多い埴土～埴壌土が適する。酸性土壌でも比較的よく生育するが、乾燥には弱い。湿潤で排水のよい土壌が適する

病害虫　根茎腐敗病、葉枯れ病

品種　各地に在来種がある。花みょうがの出荷時期によって夏みょうが、秋みょうがに分かれる。早生種が夏みょうが、中生・晩生種が秋みょうがと呼ばれる

みょうがの地下茎の植え方（断面図）

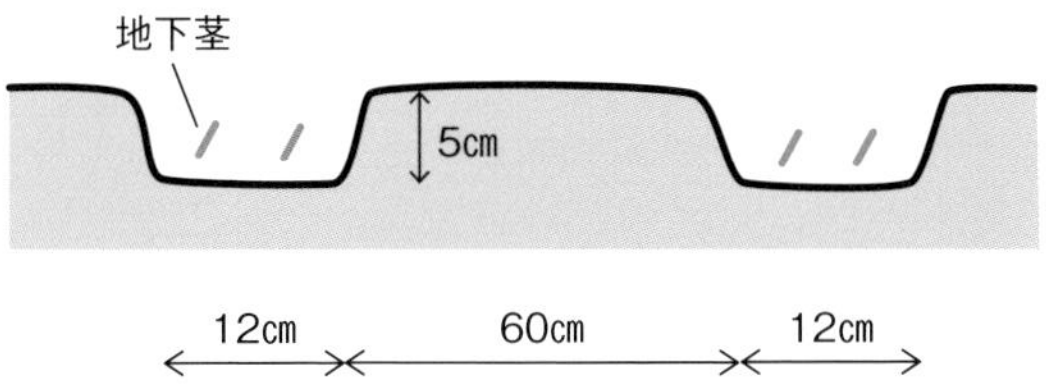

幅12cm、深さ5cmの溝を60cm間隔につくり、溝の底に地下茎を15cm間隔で2列に置き、土をかぶせる

みょうがの体のしくみ

“花みょうが”は みょうがの花蕾

一般に花みょうがといわれているのはみょうがの花蕾（花序）で、収穫が遅れたりすると、苞の間から次々に花が出て開花する。花は１日でしぼむが、花蕾はスカスカになってしまうのでとり遅れには注意。花みょうがの美しい紅色はアントシアニンによるもの。強い光に当たると緑化してしまい、繊維が発達してかたくなる。

落ち葉マルチで きれいな花みょうが

落ち葉やカヤによるマルチが適度に光を遮り、隙間から注ぐ光が花みょうがを紅色に色付かせると考えられる。厚さは３～５㎝にするといい。ただし、この紅色は光だけでつくものではなく、昼夜の温度差や株の密度も関係するといわれている。

みょうがは日陰を好む。ただしアントシアニンの生成には適度な光が必要。青い色を当てて育てるとアントシアニンや香りの成分がアップするという研究もある。

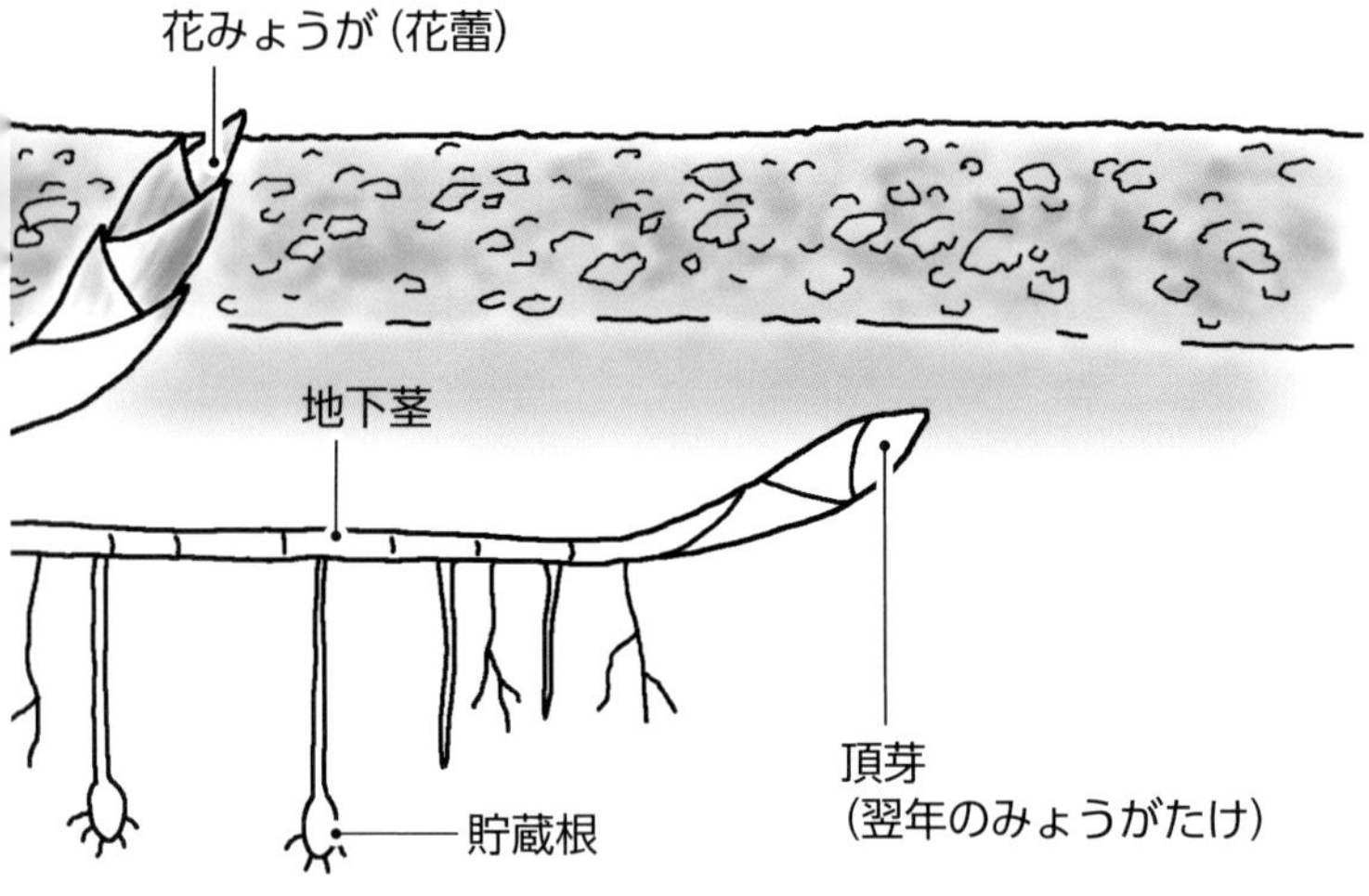

みょうがの花（写真提供＝堀 一之）

間引き栽培で毎年豊作

庭先に植えっぱなしにしたみょうがが何十年も生育したりするのに対し、産地では根茎腐敗病とセンチュウによる連作障害が大きな問題となっている。植えっぱなしにしている場合も、長く栽培していると株が密生して、花みょうがの数が減ったり、小さくなってきたりする。

そこで、株を植えて４年以降を目安に、本葉６枚頃に間引きを行なうとよい。目安は１㎡あたり80本くらいに。あまり小さいうちに間引くと、偽茎の発生が旺盛になり、花みょうがの発生が遅れることがあるので注意。間引きには、密生した場所の地下茎ごと掘りとる方法もある。

本葉８枚で花芽分化

みょうがはショウガ科ショウガ属の植物で、しょうがの仲間。通常は、みょうがの花は咲いてもほとんど結実せず、地下茎で栄養繁殖する。地下茎の先端にある頂芽が萌芽したのが偽茎（幼芽がみょうがたけ）。２年株以降は萌芽して50日、本葉が８枚になると花芽分化するといわれていて、本葉12～13枚で花みょうが（花蕾）が出てくる。偽茎の基部から地下茎が数本発生し、翌年地温が15℃くらいになると頂芽から発根し、萌芽してくる。

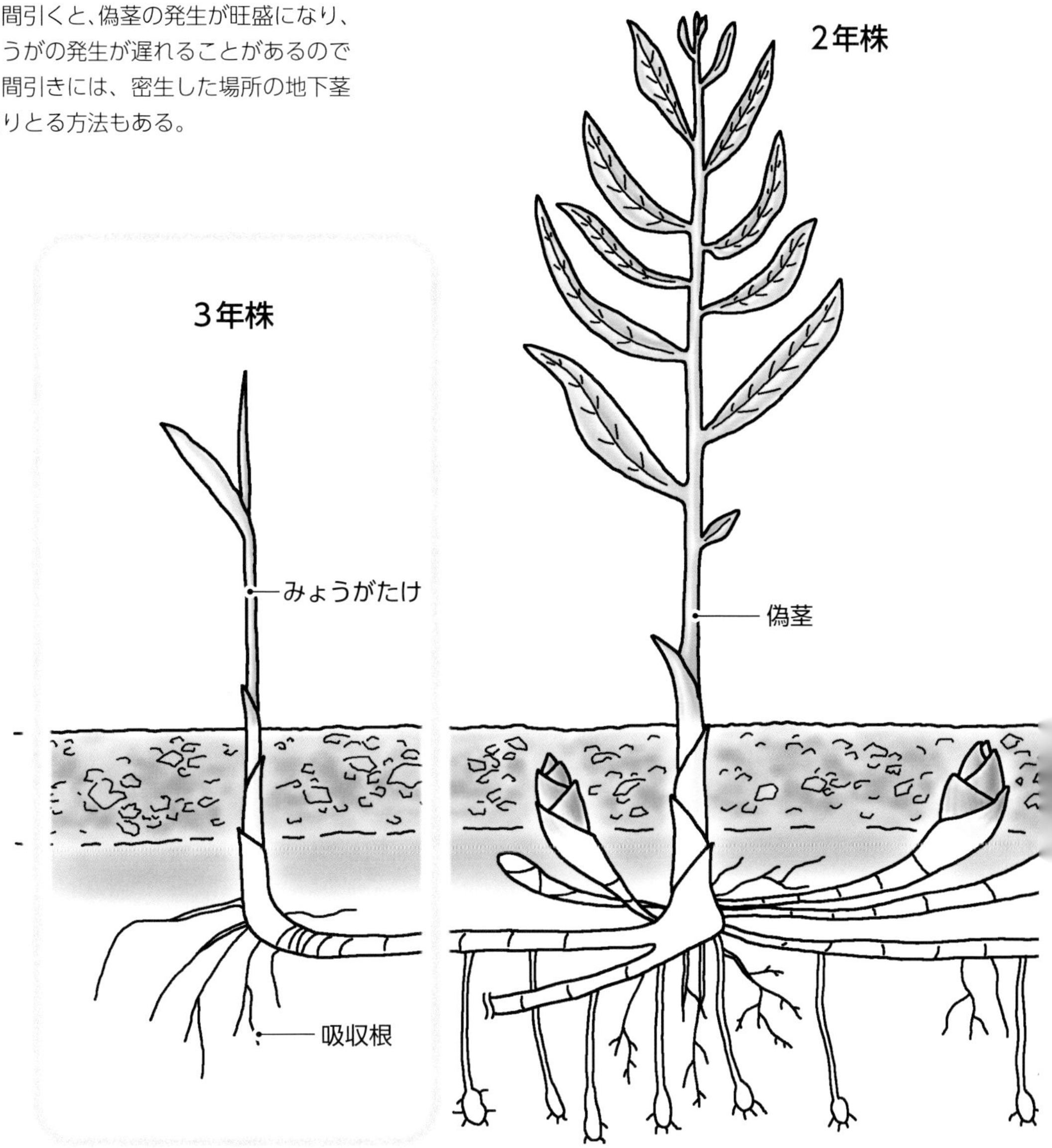

丸ごとやわらかい　ホワイトみょうがたけ

長野県●岩下運治さん

写真=赤松富仁

みょうが(花みょうが)が出る前に伸びるみょうがたけは日に当たるとかたくなってしまうので、20cmくらいで収穫するのが普通。岩下運治さんが遮光して育てる「ホワイトみょうがたけ」は、50cmでも丸ごとやわらかい。

ホワイトみょうがたけのつくり方

葉っぱまで細かく刻んで、削り節と醤油で食べると最高なんだよ

収穫時期を迎えたホワイトみょうがたけ（6月1日）。遮光するため、5月中旬、芽が出てすぐに段ボールをかぶせておく

ブドウ農家の岩下さんは、ハウス（30a）の支柱の根元にみょうがを植えている。適度な日陰がみょうがに合っているし、作業のジャマにもならない

花みょうがの最盛期になると、近所の農家も収穫しに来る（8月29日）

偽茎
花
花みょうが（花蕾）
基部
地下茎
頂芽
吸収根
貯蔵根

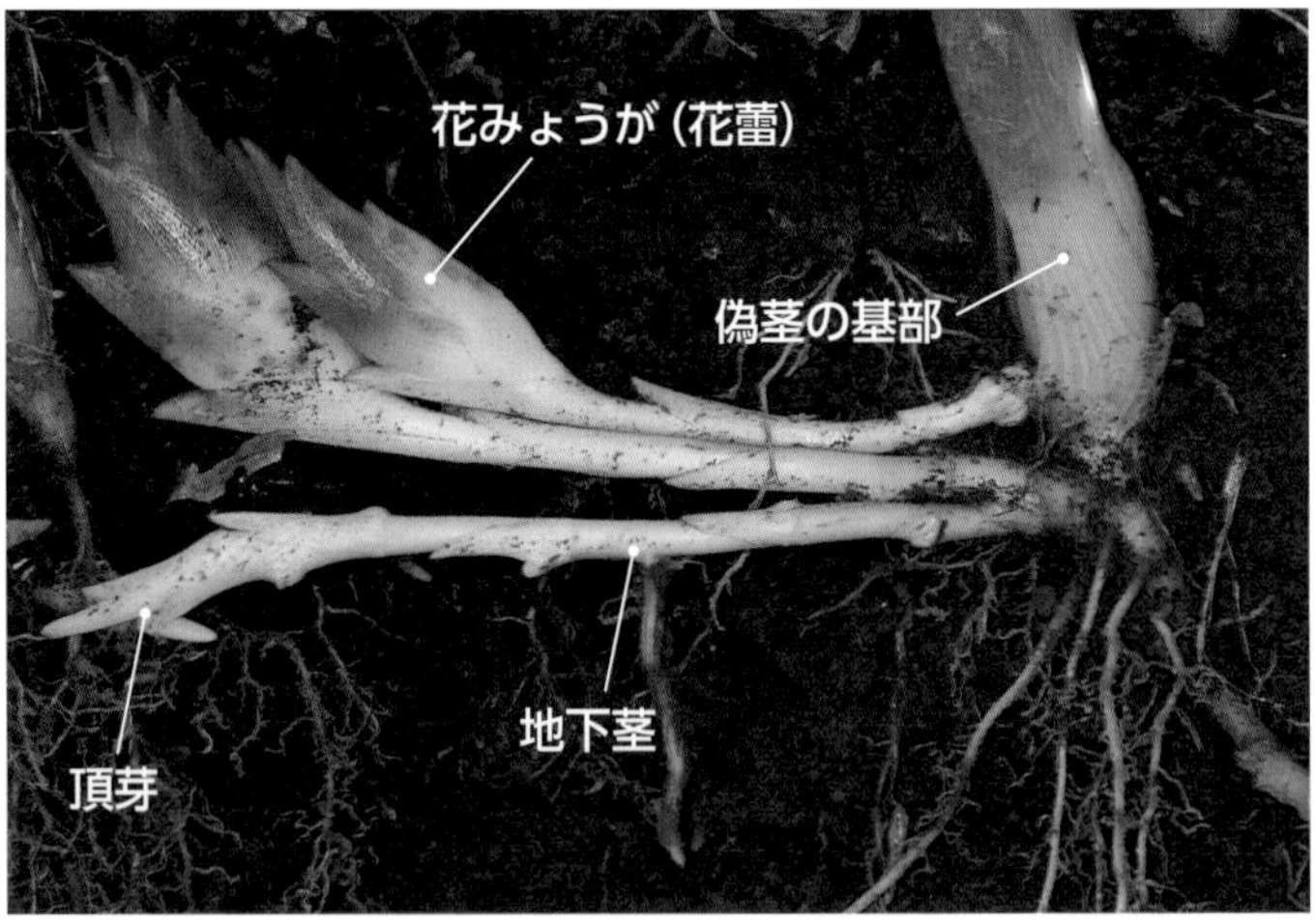
花みょうが（花蕾）
偽茎の基部
頂芽
地下茎

偽茎の基部から伸びる地下茎。地下茎のうち、花芽分化したものは花みょうがとなる。そうでないものは地下で冬を越し、翌年、地温が15℃くらいになると頂芽から発根し、地上部に出てみょうがたけ（偽茎）となる

みょうがの体のしくみを見てみた

詳しくは74 ～ 75ページ参照。
みょうがの花は咲いてもほとんど結実せず、
地下茎でどんどん広がる。

花みょうが収穫最盛期の地下部。みょうがは偽茎の基部（根元）から伸びていた。また、吸収根のほかに、先が丸まった貯蔵根もいっぱいついている。ここに貯め込んだ養分を使って、翌年のみょうがたけは出てくるらしい。みょうがの花は苞の間から次々と咲く。1日でしぼむが、花が咲くと花蕾がスカスカになってしまう

株を掘り出してみると、それぞれの株は地下茎でつながっていた。間に見えるのは昨年の偽茎（冬に枯れる）の株跡

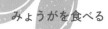

キウイの下のみょうがはいいことだらけ

福島県須賀川市●橋本節子さん
写真＝田中康弘

種を播かなくとも生えてくれる

　主人が市・県議会議員となり、米作3ha、梨園1haの大規模経営が困難になり、女手ひとつでできるものをと考え、10年ほど前から直売所への出荷を主とする小規模経営の作付けに切り替えました。主人は心不全により在職中に亡くなり、現在は私一人で、キウイ20aと、その棚下でみょうがが、ふき、あさつき、福寿草を栽培しています。

　このへんでは昔から柿の樹の下にはみょうがやふきを植えていましたから、相性がいいのではないかと思ったのです。みょうがやふきは日陰を好みますし、地面の上のほうに根を張るみょうがやふきと、下まで根を張る果樹は合うのではないかとも思いました。実際やってみると、いいことばかりです。

　これらの作物はまったく農薬を使わずに栽培できますし、種を播かなくとも自然に生えてきますから、労力の軽減にもなりますので、高齢者にとっては最良の組み合わせだと自負しております。

みょうがたけは草で軟白化、花みょうがまで長く売れる

　中でもみょうがは労力のかからない作物です。みょうがには、地下茎から出る茎を伏せ込みや囲いで軟白化させたみょうがたけと、その後にとれる花みょうががありますが、私はどちらも栽培しています。といっても、みょうがたけに特別な囲いはしません。草で株元を日陰にすることで軟白化させます。草をとらないほうが白くて長いみょうがたけを収穫できるのです。

　みょうがは私の労力配分にも持ってこいです。6月上旬～7月中旬にみょうがたけがとれたあと、8月中旬～9月下旬に花みょうががとれるのです。また、出荷がみんなと競合しないように、今の早生より半月収穫が遅れる中生のみょうがを殖やしているところです。これで私の労力もラクになります。

みょうがたけ。軟白部分が長いほうがはこべに覆われていたもの。草をとらないほうが白い部分が長くなって高く売れる

6月初めのキウイ園に生えたみょうがと筆者。キウイの管理でみょうがを足で踏みつけることになるが、影響はない

キウイ園の1年

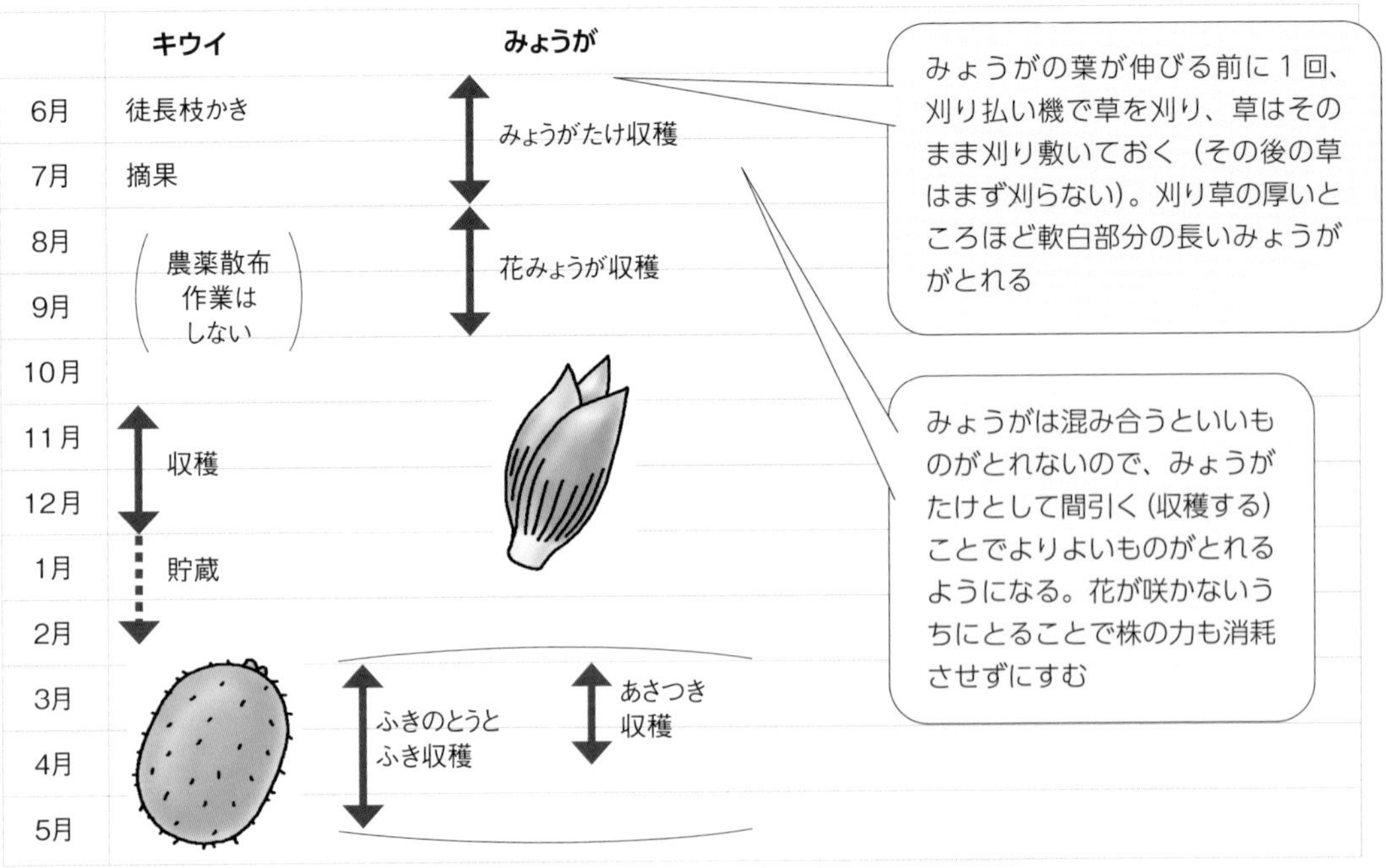
キウイ
みょうが
6月
7月
8月
9月
10月
11月
12月
1月
2月
3月
4月
5月
徒長枝かき
摘果
農薬散布作業はしない
収穫
貯蔵
みょうがたけ収穫
花みょうが収穫
ふきのとうとふき収穫
あさつき収穫
みょうがの葉が伸びる前に1回、刈り払い機で草を刈り、草はそのまま刈り敷いておく（その後の草はまず刈らない）。刈り草の厚いところほど軟白部分の長いみょうががとれる
みょうがは混み合うといいものがとれないので、みょうがたけとして間引く（収穫する）ことでよりよいものがとれるようになる。花が咲かないうちにとることで株の力も消耗させずにすむ

キウイが日照りにあわなくなった

みょうがなどを育てることはキウイにとっても最良の干ばつ防止策になっているようです。みょうがやふきを植えていなかった頃は、日照りが続くと大きな地割れができて、葉が落ちたこともありましたが、今はそんなことがなくなりました。みょうがなどが土一面を覆ってくれるからです。

おかげで一年中直売所に出せるものがあります。園地全部の販売実績は、キウイが約30万円、ふきとふきのとうが12万円、みょうがたけと花みょうがが約10万円などです。

みょうがたけの卵とじ、天ぷらはいかが？

みょうがは先祖代々受け継がれてきた伝統的な食べ方が一番おいしいのではないでしょうか。みょうがたけは味噌漬けの具とか薬味にしたり、なすやきゅうりと塩もみにしたり、納豆に入れたり。また卵とじにしたり、天ぷらにしてもいいです。花みょうがは薬味とか酢漬け、味噌漬け、醤油麹漬け（青唐辛子、花みょうが、しその実、根しょうがを刻んで漬ける）がおいしいです。

「花みょうが　笑って済ます　物忘れ」

私の出荷した花みょうがを食べたお友だちがこんな句を詠んでくれました。物忘れが近頃多いのは、食べると物忘れがひどくなるといわれるみょうがのせいだと笑い飛ばした句です。直売所ならではの交流ではないでしょうか。喜寿を迎えた私にとっては最高の贈り物だと感謝しております。

（まとめ編集部）

この1袋で120円。これより短いのは100円で、長いのは150円で売る。「売れ残らないように、娘を嫁に出す気持ちでていねいに包装します」と橋本さん

間引きと厚めの杉葉マルチで上質のみょうが

三重●伊藤ちか子

杉葉マルチで上質の花みょうががとれる

間引いて15㎝間隔にする

　私たちの町では、平成の初期の頃にはJAが主体となって、かなりの家でみょうがを栽培して出荷しました。現在は大量出荷しておらず、私も2〜3aでつくったみょうがを直売所に少しずつ出荷しています。

　みょうがには森林の中で自生するものもたくさんありますが、収穫は里のものが少し早くなります。5月初旬、芽が出揃って15㎝ほどに育った頃にまず間引きをします。混んでいると根が絡み、大きな上質のものがとれません。私は株と株の間がだいたい15㎝間隔となるように間引いています。

　なお、間引いてもみょうがは少しずつ広がり、10年以上前に植えた頃の通路はすでにありません。

杉葉を厚く敷き詰める

　間引きの後、近くの山から杉の落ち葉を拾ってきて、なるべく厚めに敷き詰めています。みょうがは半日陰で湿った土を好むからです。

　敷き詰めた杉葉の下から出てくる芽（花みょうが）は陽に当たらず、赤い色の上質のものとなります。陽に当たってしまったものは青く、かたくなってしまい価格も下がってしまいます。

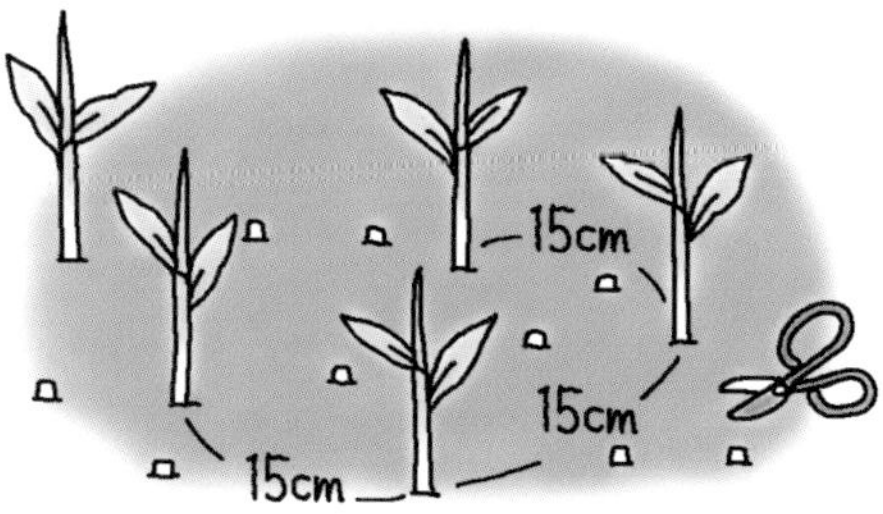

丈が15㎝くらいに伸びたら15㎝間隔に間引く

うこんで健康

うこんは、沖縄では古くから庭先で大切に栽培されてきた。
肝臓の働きを助けるので、お酒の後に飲んだり、
体の調子が悪いときや日々のお茶としても気軽に飲んでいる。
庭先で育てておくと、家庭薬として重宝しそうだ。

うこんって どんな植物？

秋うこん

（写真＝戸川嵩士）

DATA

分類：ショウガ科ウコン属

原産地：インドから、南・東南アジアなどの熱帯、亜熱帯の多雨地帯に栽培が広がった。日本へは江戸時代に琉球に伝わり、1609年の薩摩藩の琉球侵略により江戸への貢物として贈られるようになった。

香り・栄養成分など：秋うこんと春うこんに含まれるクルクミンに、肝臓を休める、抗ガン、抗酸化などの作用がある。お酒の悪酔いを防ぐ効果も期待できる。紫うこんはシネオールなどの精油成分を多く含み、胆汁の分泌を促して肝臓の働きを助ける。

食べ方・利用法：秋うこんは料理の着色や風味づけ、うこん茶などに。また、粉末にしたターメリックはインド料理などで用いられる香辛料（カレー粉の黄色はうこんの色）。防腐効果も。たくあんの色付けにも。春うこん、紫うこんは漢方薬などに。

ここがすごい！

- クルクミンが肝臓の働きを助ける
- 粉末にしたターメリックは着色香辛料に
- 体内の活性酸素の除去に役立つ

とれる時期

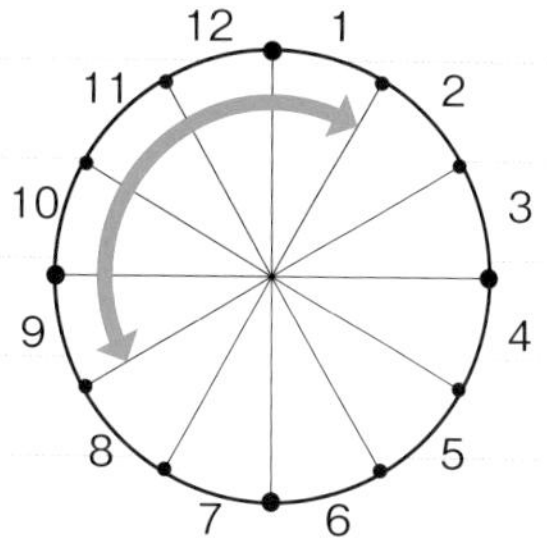

沖縄の場合。9月から収穫できるが、遅いほうが収量も品質もよくなる

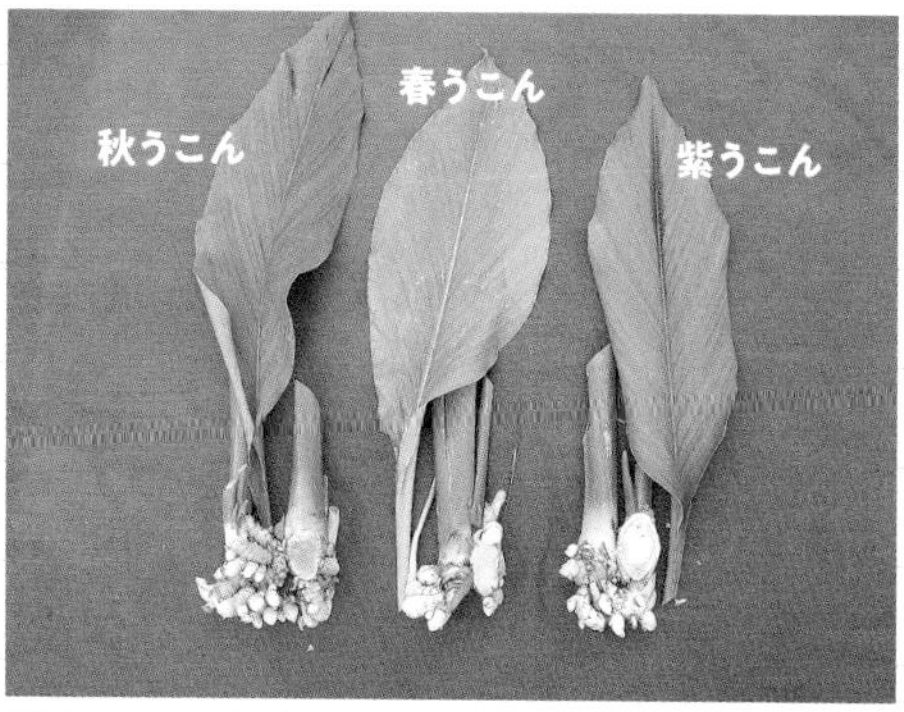

種類によって根茎の色が違う（琉球大学）

秋うこんの花。秋に花が咲く。春うこんは春にも花が咲く

家族8人毎日8ℓ！

うこん茶大好き健康一家

愛知●近藤美代子

私の家族。みんなうこん茶が好き

農作業の合間にガブガブ飲む

うこん茶を冷蔵庫で冷やしてお茶代わりにガブガブ飲んでいます。ちょっとほろ苦い味がたまりません。

わが家は三代夫婦が揃い、二代目（私たち夫婦）、三代目はお婿さんで、会社勤めをしています。普段は、父と母と私の3人でミカン栽培をがんばっておりますが、休みの日はみんな手伝ってくれます。畑にも水筒に入れたうこん茶を持っていきます。

もともとは、父の心臓と肝臓の具合をよくするために、30年ぐらい前にうこんの栽培をはじめました。父は81歳の今も元気です。

子どものアトピーもよくなった

また、子どもが小学生の頃、うこん茶を水筒に入れ、学校に通っていました。「担任の先生がうこん茶を『飲ませてちょうだいね』って飲んじゃうから、お母さん、お茶が足りないよ」と娘からいわれ、大きな水筒にいっぱい持たせてやったのを思い出します。小学校の6年間、うこん茶を持って通ったおかげで、ひどかったアトピー性皮膚炎がいつのまにかよくなっていました。

それから主人も、昔は朝起きるとめまいがするほどの低血圧でしたが、結婚してからそれがなくなったといっています。お酒にも弱く、二日酔いで医者通いはしょっちゅう。その頃は「またか」と思っていましたが、うこん茶を飲むようになってからは、お酒に強くなりすぎて困るほどです。

わが家では、一日に4ℓのやかんでふたつ、うこん茶をつくります。家族8人、みなうこん茶が大好きです。

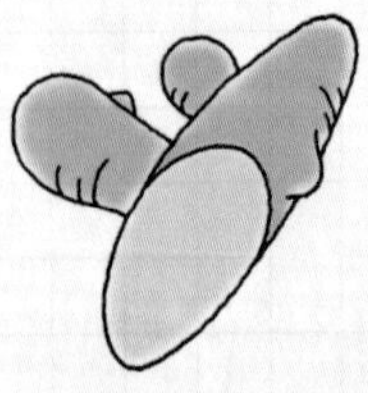

うこん茶のつくり方

親指大の春うこんの根茎をスライスして、1ℓの水に入れ、沸かす。沸騰したらすぐ火を止め、冷めるまでおく。

※ 根茎を入れる量で苦さを変えることができる。
※ 麦茶とブレンドして飲んでもいい。

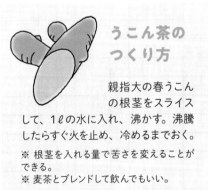

わが家のうこん活用法

うこん混合パウダー

胸やけ、だるさに即効！

栃木県佐野市の島田芳子さんの元気の源は、「紫うこん」「春うこん」の混合パウダー。幼い頃から病気がちだった芳子さんですが、うこんの栽培をはじめ、毎日飲むようになってからは調子がよいのだそうです。体のだるさ解消、胸やけにも「即効」とのこと。

うこん風呂

体ぽかぽか、神経痛予防に

寒いとき痛くてたまらないほどの神経痛に悩んでいる人に、広島県三《み》次《よし》市の上谷美喜恵さんに聞いた痛みを和らげる方法を紹介したいと思います。

使うのはうこんの葉。秋、霜が降りる前にとった葉を1、2cmに刻み、カラカラになるまで干しておきます。使うときは、布袋に入れて鍋で20分ほど煮出し、その液をお風呂に入れます。痛みが和らぐだけではなく、体が芯から温まる。冷え性の人もこれで寒さを乗り切れそうです。

絵=こうま・すう

うこん茶コーヒー

飲みやすくてクセになる！

愛知県蒲郡市のミカン農家・近藤三二《さんじ》さんは、30年前からうこんを栽培。81歳になっても病気知らずなのは、うこんのおかげ。夏は冷蔵庫で冷やしたうこん茶を飲みますが、冬には必ず、温かいうこん茶コーヒーを飲んでいます。

つくり方はまず、親指大の春うこんの根をスライスして、1ℓのお湯で沸かします。沸騰したらすぐ火を止めるくらい。このうこん茶でインスタントコーヒーを溶かして飲みます。とにかく香りがよく、コーヒーの苦みが消え、飲みやすいものです。

うこんパウダーから 自家製カレー粉をつくってみよう

写真＝神戸圭子
参考＝『イチからつくるカレーライス』（関野吉晴編、中川洋典絵、農文協）、『新特産シリーズ　ウコン』（金城鉄男著、農文協）

カレー粉の中身は？

ガラムマサラ
クミン、コリアンダーをはじめとする数種類のスパイスを炒って調合したもの。香りを高めるために使うインドの伝統的なミックススパイス

ターメリック（秋うこん）
カレーらしい黄色の元。ほのかな苦みと土臭さがカレー風味の土台になる。防腐効果も

チリペッパー
唐辛子を粉にしたもの。辛みの元になる

写真では、ガラムマサラ：ターメリック：チリペッパー＝５：2.5：2.5の割合で配合。配合は好みによるが、ターメリックは香りが強いので、あまり多すぎないほうがいい

ターメリックはカレーらしさの要

カレーをつくるときは、日本では市販のカレールウやカレー粉を使うことが多いが、本場インドでは、各家庭ごとに好みの調合でスパイスを組み合わせてカレー風味の料理をつくっている（インドには「カレー」という名前の料理はない）。

インドでは１００種類ものスパイスを使うそうだが、いわゆる「カレー風味」をつくりだすための代表的なスパイスがいくつかある。中でも欠かせないものが、ターメリック＝秋うこんだ。

ターメリックは、黄色い色を出すだけでなく、カレー風味の土台になり、防腐効果まである。そこに各種スパイスを調合したガラムマサラ、辛みの元のチリペッパーを混ぜると、自家製のカレー粉のできあがり。

家庭菜園で秋うこんを育てたら、一部をパウダーにしておくと、一年中気軽に使える。しかも、うこんは乾燥させることで風味が高まるという特性もある。うこんパウダーをつくったら、ぜひ自分だけのカレー粉もつくってみてはいかがだろうか？

うこんパウダーのつくり方

1　秋うこんは、皮をむいてうすくスライスし、ザルなどで天日干しにする。

2　手でくだけるくらいに乾いたら、乳鉢やミルなどで粉にする。

完成！

密閉できるビンなどに入れて冷暗所で保管すれば、3年は保存できる。

ガラムマサラはどうやってつくる？

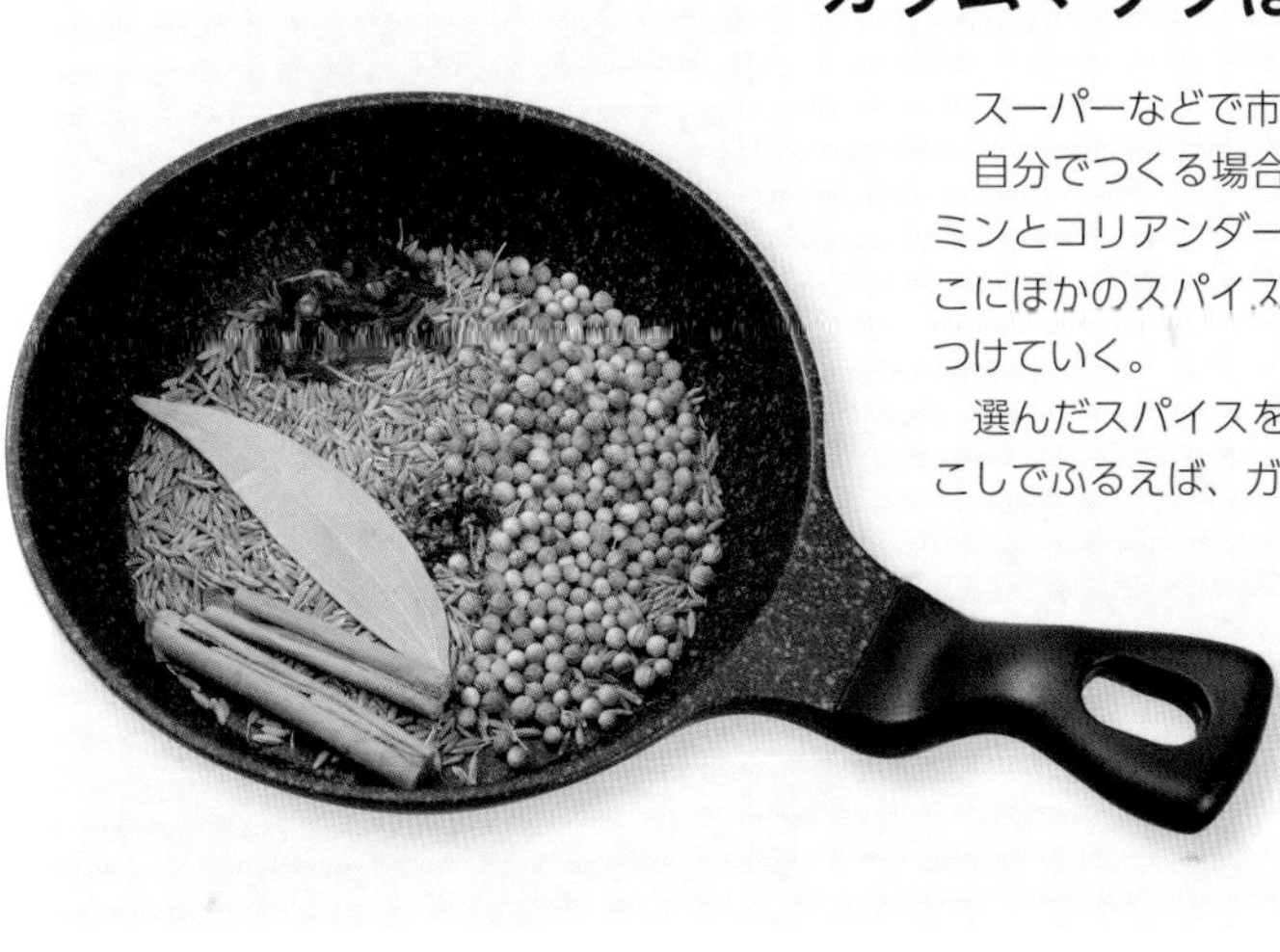

スーパーなどで市販のガラムマサラを買うこともできる。

自分でつくる場合は、カレーらしい香りの中心になるクミンとコリアンダーを2：1、1：1、1：2などで試し、そこにほかのスパイス（*）を少しずつ加えて好みの香りをみつけていく。

選んだスパイスを炒ってから、すり鉢などで粉にして茶こしでふるえば、ガラムマサラのできあがり。

＊カルダモン、クローブ、シナモン、ローリエ、にんにく、しょうが、こしょうなど

※ガラムマサラのスパイスやカレーの詳しいつくり方は『イチからつくるカレーライス』をご覧ください。

うこんの栽培ごよみ

編集部

意外と広い地域で育てられる。家庭薬として育ててもよさそう

うこんの生育過程(沖縄の場合)

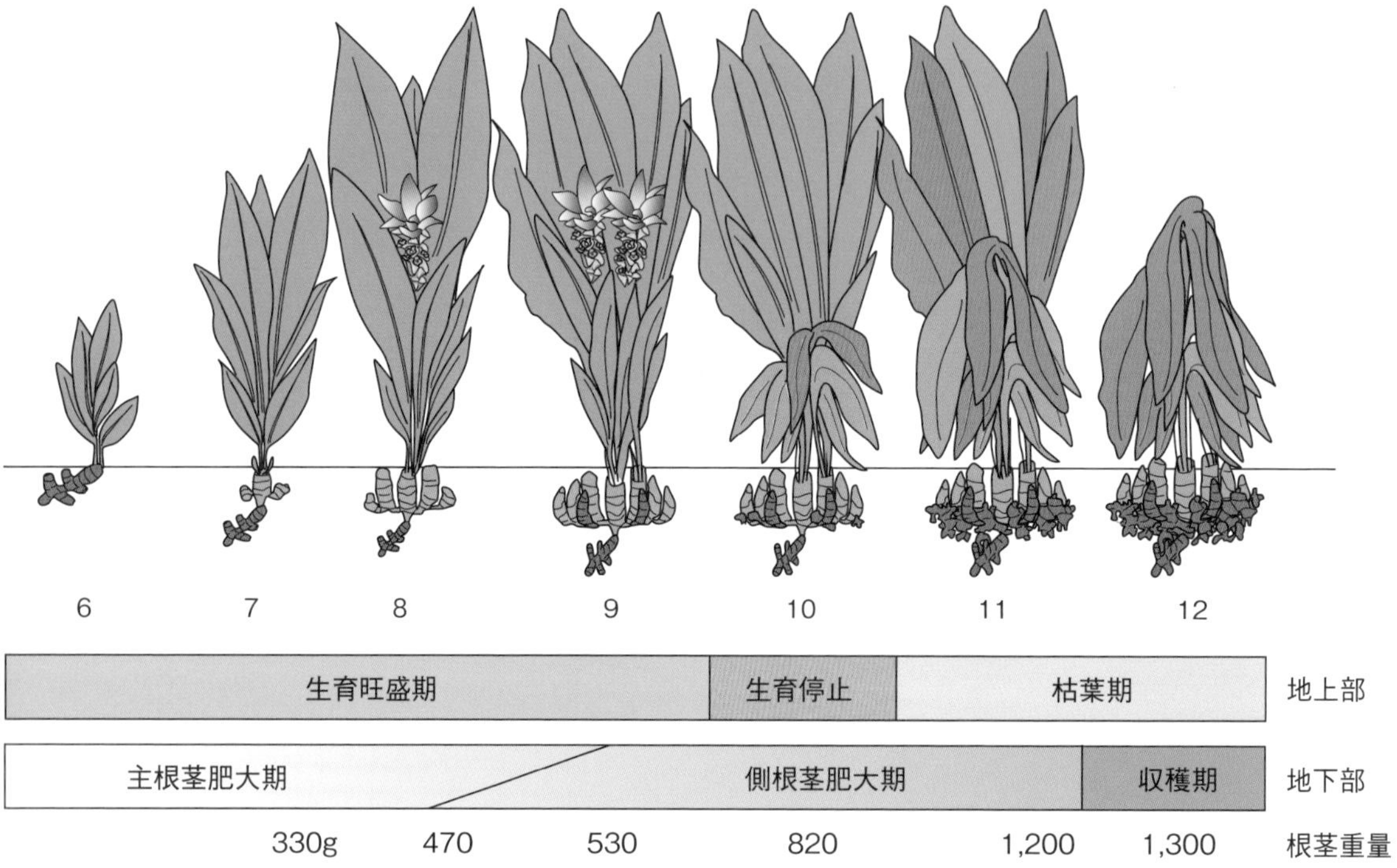
6
7
8
9
10
11
12
生育旺盛期
生育停止
枯葉期
地上部
主根茎肥大期
側根茎肥大期
収穫期
地下部
330g
470
530
820
1,200
1,300
根茎重量

(『新特産シリーズ　ウコン』(金城鉄男著、農文協)より)

種いもはどうやって入手する?

うこんは、タネではなく、種いも(根茎)を植えて育てる。種いもはインターネット通販などで主に冬に販売されている。青果用のうこんを埋めて育てることもできる。

品種はどんなものがある?

秋うこん、春うこん、紫うこん(ガジュツ)がある。スパイスでターメリックと呼ばれ一般的なのは秋うこ

うこんの栽培 DATA

温度　生育適温は15～33℃。最高気温が20℃を下回ると地上部・地下部の生育が止まる。10℃以下になるといもが腐敗する

日照　強い日照を好む

土壌　堆肥などを投入して土をやわらかくしておく

病害虫　病気はとくになし。害虫はバッタ、コオロギ、カタツムリなど

品種　秋うこん、春うこん、紫うこん(ガジュツ)などがある

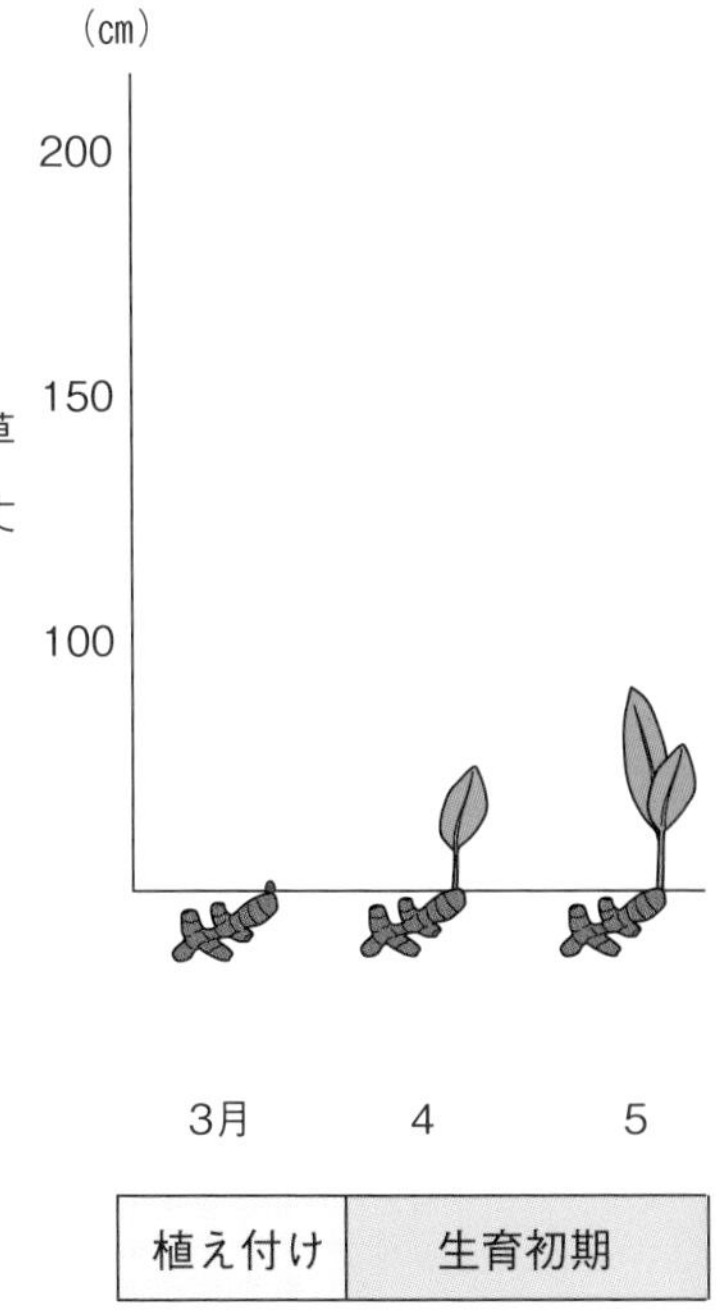
(㎝)
200
150
100
草丈
3月
4
5
植え付け
生育初期

ん。薬効などが違うので、好みの種類を選ぶ（92ページ）。春うこんは秋うこんより早く発芽する。

どんな場所に植えるといい？

生育適温がやや高めなので、暖かい地域のほうが収穫量が多いが、日本の広い範囲で栽培できる。

うこんは強い日照を好むので、なるべく日当たりと水はけのいい場所を選んで植える。山間地の傾斜のある畑などが適地。

どうやって育てる？

①種いもの休眠打破

寒い時期は種いもは休眠しているので、植え付け前に種いもを一定期間温めて休眠打破しておくと、初期生育がよくなる（寒い地域での栽培ではとくに重要）。

やり方は、植え付け予定時期の１カ月前から、秋うこんは20～25℃、春うこんや紫うこんは18～23℃の温度が保てる場所に種いもを約1カ月保管する。

②植え付け

最高気温が20℃を超え、地温が18～23℃になったら植え付ける。畑にはあらかじめ完熟堆肥を1㎡あたり5㎏くらいまいて、深さ25～30㎝くらい耕しておく。植え付け前に元肥としてＣＤＵ555（微生物分解性肥料）を1㎡あたり83g施しておくと生育がよくなる。追肥は必要ない。

高さ25㎝、ウネ間75～100㎝くらいの高ウネを立て、できれば草よけの黒マルチをして、種いもを深さ15㎝、株間25～30㎝に1列で埋める。

うこんは種いもの上に主な根茎が伸びる。倒伏を防ぎ生育をよくするためには、深植えにすることが重要だ。

種いもは、1個30～50gくらいの大きめのもののほうが収穫量も多くなる。

③水やり

うこんは生育旺盛期に水分を多く必要とする。乾燥にとても弱いので、暑くて雨の少ない時期にはこまめに水やりをする。葉に水をかければ自然と株元に水が流れ落ちる。

④収穫、保存

地上部の青葉が枯れあがったあとに枯れ葉を片付けて、根茎を土のついたまま掘り上げる。ひげ根を切り落とし、土をきれいに洗い落として乾燥させて保存する。

うこんは寒さに弱く、10℃以下になると傷みはじめる。13℃以上を保てる場所に置けば5カ月以上は保存でき、翌年の種いもとしても使える。

（参考：『新特産シリーズ ウコン』（金城鉄男著、農文協）

クルクミン含量7～20倍！

薬効の高い新品種　琉大ゴールド

琉球大学農学部亜熱帯フィールド科学教育研究センター
●モハメド アムザド ホサイン

うこんには3種類ある

うこんは生薬、香辛料、化粧品などに使われ、現在、秋うこん、春うこん、紫うこんの3種が主に栽培されています。その中でも需要が多いのは秋うこんで、全体の流通量の80％を占めています。

3種は含まれる成分が異なります。秋うこん、春うこんに含まれるクルクミンという成分には、抗炎症・抗ガン・抗酸化・抗菌作用が認められています。紫うこんはクルクミンを含みませんが、胆汁の分泌促進、健胃などの機能があるシネオールなどの精油成分を多く含んでいます。また、秋うこんは苦みが少ないですが、春うこん、紫うこんには強い苦みがあります。

肉や魚のニオイ消しに

私はバングラデシュ出身で沖縄に来て24年になりますが、畑からとった秋うこんを生で刻んだり、すりおろしたりして、野菜炒めやチャーハンに入れて食べます。色や香りがよくなり、簡単に健康成分を摂取できます。魚やヤギ肉と一緒に調理するとニオイ消しにもなります。腹痛のときには、スライスして煮出したり、すりおろしてお湯を注いだりして飲むと、すぐに治ります。

乾燥させてミキサーで粉末にしたものはターメリックと呼ばれ、故郷のバングラデシュでは欠かせないカレー料理のスパイスです。

琉大ゴールドの畑。秋うこんから選抜して育成した（琉球大学）

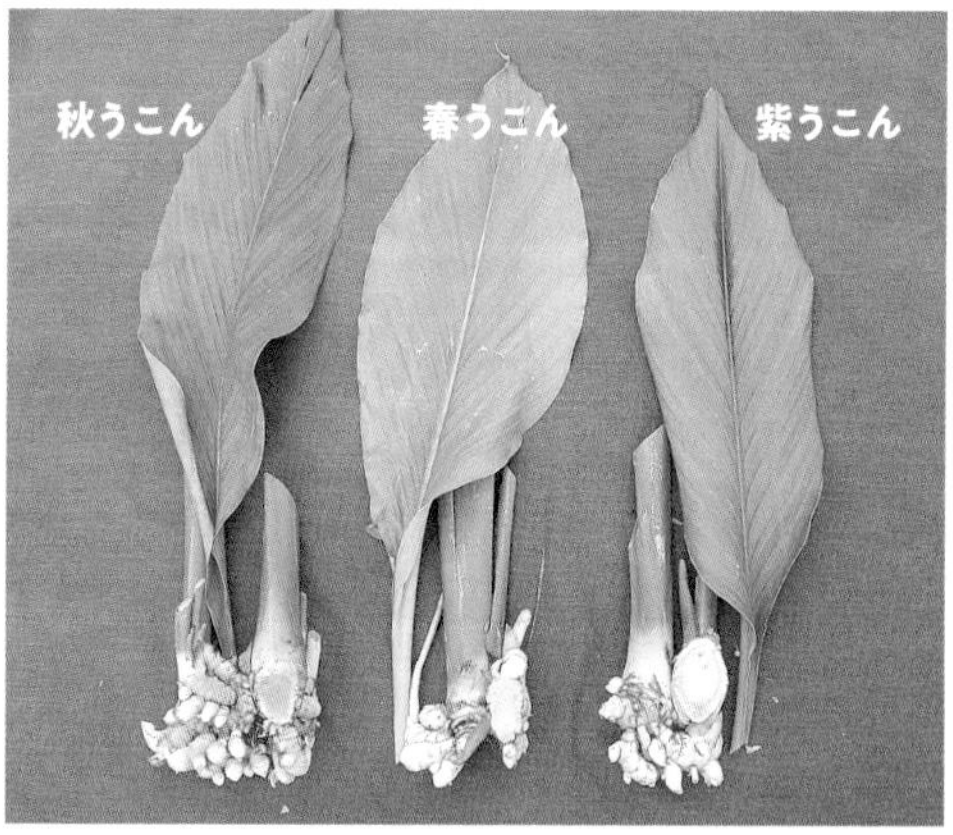

うこんは種類によって根茎の色が違う（琉球大学）

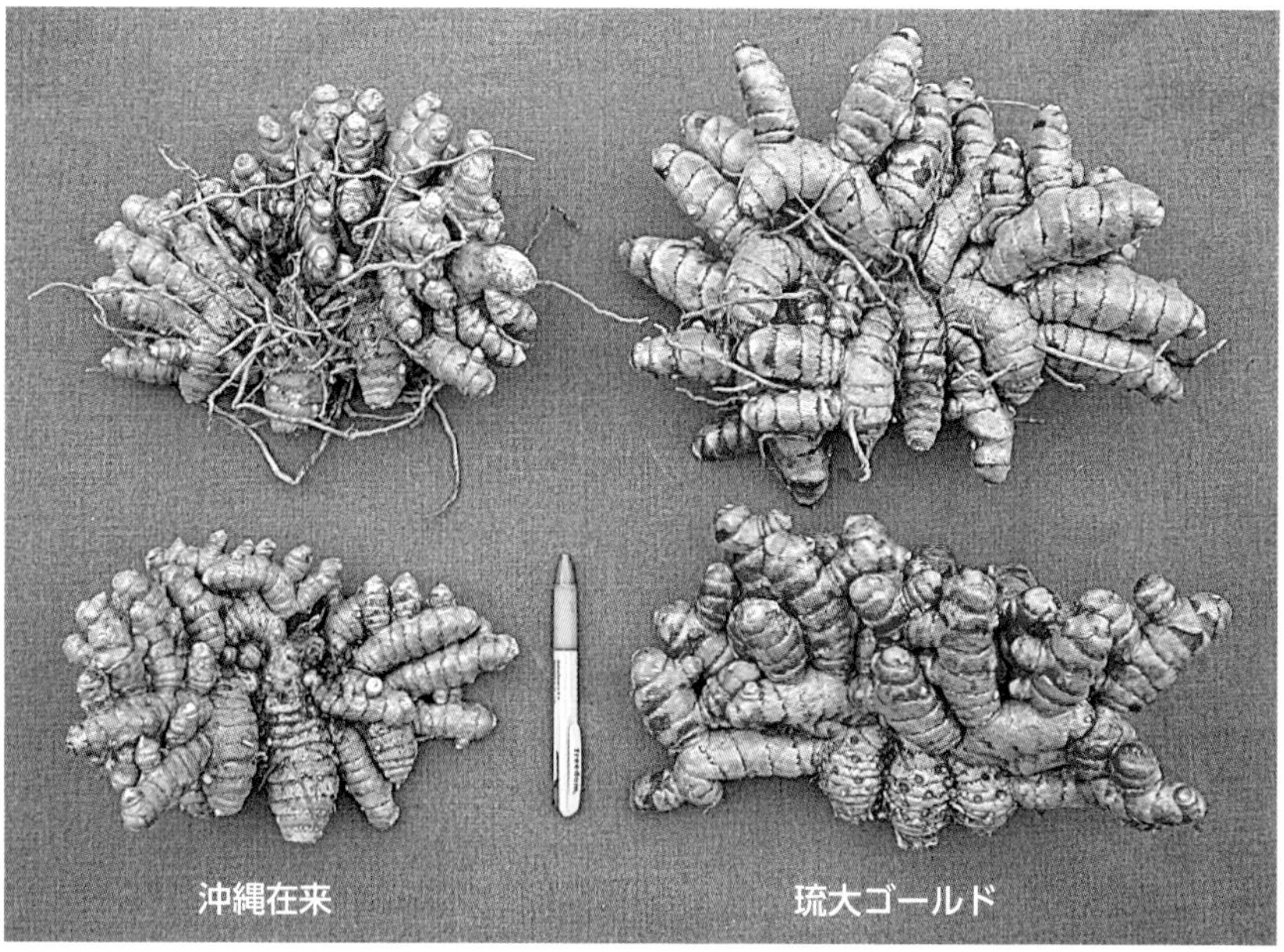

根茎の大きさの違い。琉大ゴールドはクルクミン含量が多く、色も濃い

沖縄では600年前から栽培

沖縄では、600年前からうこんが栽培されており、気候も栽培に適しています。しかし、在来の品種にはクルクミン含量、収量、収穫作業性など、いくつか改良の余地がありました。そこで、琉球大学農学部では1999年にうこんの品種改良に着手しました。

世界各地から68系統のうこんを収集し、根茎の形や色、収量や品質などを調べました。うこんは栄養繁殖のみなので、突然変異株などを選んで絞り、東南アジアの系統から7年かけて新品種の琉大ゴールドを育成しました。

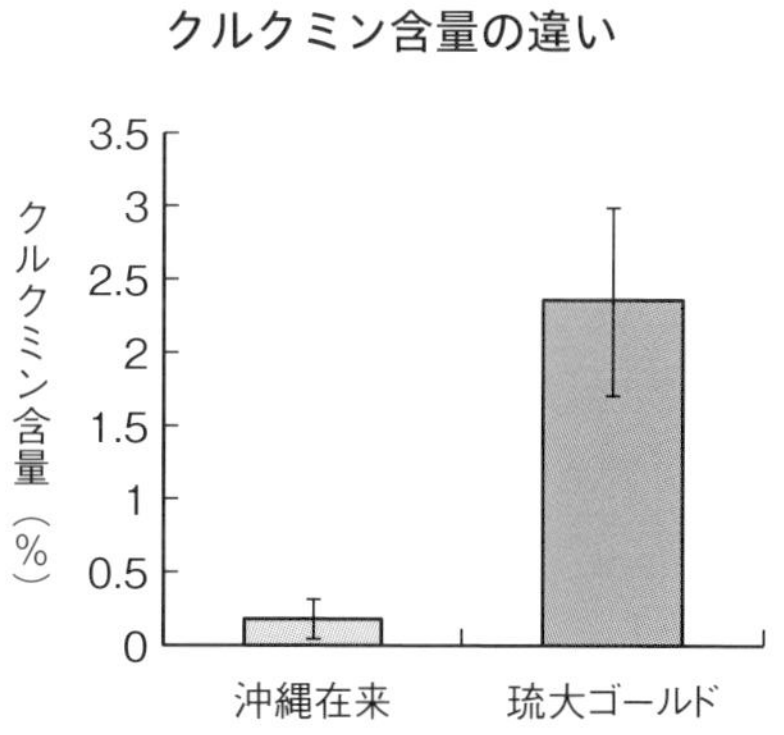

クルクミン含量、収量ともに大幅増

琉大ゴールドは根茎が太く、クルクミン含有量も在来種に比べて7~20倍あります。収量は在来種より1~2割多く、1ha当たり30~40t。1500万~2000万円の収入が見込め、サトウキビの7~10倍に相当します。

栽培条件の研究では、30~40gの根茎をウネ幅75~100cm、深度8~12cm、株間30cmで千鳥植えすると、もっとも高い収量を得られることがわかりました。施肥は、植え付け後60日目からはじめ、45日間隔で3回、チッソとカリの複合肥料を施します。

もともと森の中で生育する植物なので、ネットによる遮光も効果的です。20~30%減光することで、収量、クルクミン含量ともに増加しました。収穫は地上部が完全に枯死する1月に行なうと、もっともよい状態で収穫することができます。

◆琉大ゴールドの問い合わせ先
tel 098-895-8740

まだまだある

うこん利用の知恵

編集部

沖縄の家庭薬

うこんのすりおろしドリンク

沖縄では、うこんのいも（根茎）を生のまますりおろして飲むのが一般的だ。うこんのいもをおろし金ですりおろし、それをお椀に入れてお湯を注ぎ、熱いうちに飲み干すというもの。

お酒を飲んだあとにこれを飲むと、飲みすぎても翌日に残らないという。そのほかにも、お腹が痛いとき、内臓が疲れていると感じたとき、風邪を引いたとき、腸の炎症、気管支喘息のときなどに飲まれる。家庭薬として大切に利用されてきたため、昔は染色や香辛料として利用することはほとんどなかったという。

抗菌・防虫効果も

うこん染め

うこんの生いもをつぶして絞った汁には、黄色の色素であるクルクミンがふんだんに含まれる。これを煮出した液に布を浸すと、春うこんは鮮やかな黄色に染まり、秋うこんは濃い黄色～橙色に染まる。

乾燥したうこん粉よりも、生のうこんのほうが染まりやすい。ただし手につくととれにくいので必ず手袋をする。

昔はうこんで染めた産着を男の子に着せる風習があった。うこんには抗菌作用があり、赤ちゃんが産着を口に含むことでうこんによる胃腸強壮効果も期待されていた。

うこん染めには防虫効果もあるので、宝物や着物を保存する際の風呂敷として利用されることもある。

うこんだけでも染まるが、色をしっかり付けたいときは、銅や鉄を媒染に使うとよいようだ。

鮮やかな黄色に染まる

うこんの漬物

たくあんなど大根の漬物をつくるときに、うこんパウダーを少々混ぜておくと、華やかな黄色の漬物になる。うこんの効果で保存性も高まり、からだにもいい漬物に。

料理に重宝

うこん塩

フライパンで炒った粗塩500gに、うこんパウダー（89ページ）を大さじ5杯くらい混ぜる。

肉や野菜の下味つけ、天ぷらや焼き鳥のふり塩や色付けになど使える。

風邪気味のときにうこん塩を水に溶かしてうがいをすると、喉がスッキリ。

うこん塩

（参考：『新特産シリーズ ウコン』『現代農業』『食農教育』、いずれも農文協）

掲載記事初出一覧

しょうがを食べる

しょうが料理と保存食 ……『うかたま』2018年秋号
しょうがのおかず …………『うかたま』2018年秋号
しょうが麹のススメ ………『うかたま』2023年春号
豚肉としょうがの炒め …『現代農業』2007年1月号
しょうがの炊き込みご飯 『現代農業』2010年11月号
しょうがのかき揚げ ……『現代農業』2010年11月号
しょうがの佃煮 …………『現代農業』2010年11月号
新しょうがの甘辛煮 ……『現代農業』2013年8月号
葉しょうがの豚肉巻き巻き
…………………………『現代農業』2013年8月号
ジンジャーシロップ量産中！
…………………………『現代農業』2010年11月号
ジンジャーシロップのドリンクとお菓子
…………………………『うかたま』2021年秋号
しょうがのシロップ漬けとアレンジ
………………………………『うかたま』2009年秋号
しょうがジャム …………『現代農業』2010年11月号
加工名人母さんの名物紅しょうが
…………………………『現代農業』2011年11月号
しょうがもち ……………『現代農業』2010年11月号
しょうがパウダーのつくり方・使い方
…………………………『現代農業』2010年11月号
…………………………『現代農業』2017年8月号
しょうがの炊飯器ジュース
…………………………『現代農業』2012年10月号
しょうがのスーパー健康効果
…………………………『現代農業』2010年11月号
ちょっと役立つ しょうがの話
…………………………『現代農業』2010年11月号
ぽかぽか　しょうがの飲み物
『うかたま』2013年冬号、『うかたま』2008年冬号
しょうが湿布、しょうが油
…………………………『現代農業』2007年8月号
しょうがの絞り汁が円形脱毛症にきく!?
…………………………『現代農業』2012年10月号
しょうがの栽培ごよみ
………………『新 野菜つくりの実際　軟化・芽物』
湿ったモミガラでしょうがを長期保存できる
…………………………『現代農業』2014年12月号

みょうがを食べる

みょうがずし／みょうがの甘酢漬け／いなかずし／だし
……………………………『うかたま』2018年夏号
みょうがの田楽 ………………『うかたま』2011年夏号
みょうがの福袋焼き ……『現代農業』2010年9月号
みょうがのお好み焼き …『現代農業』2011年9月号
みょうがの煮びたし ……『現代農業』2013年8月号
みょうがの葉焼きご飯
『米のおやつともち（全集　伝え継ぐ 日本の家庭料理）』
みょうがの栽培ごよみ
……………『新 野菜つくりの実際　軟化・芽物』
『ミョウガ─三つの栽培法』
みょうがの体のしくみ …『現代農業』2013年8月号
ホワイトみょうがたけ …『現代農業』2014年8月号
キウイの下のみょうがはいいことだらけ
…………………………『現代農業』2013年8月号
間引きと厚めの杉葉マルチで上質のみょうが
…………………………『現代農業』2013年8月号

うこんで健康

うこん茶大好き健康一家 『現代農業』2009年7月号
うこん混合パウダー ……『現代農業』2012年12月号
うこん風呂 ………………『現代農業』2008年3月号
うこん茶コーヒー ………『現代農業』2009年3月号
自家製カレー粉をつくってみよう
………………………『イチからつくるカレーライス』
うこんの栽培ごよみ ………『新特産シリーズ　ウコン』
琉大ゴールド ……………『現代農業』2017年2月号
まだまだある うこん利用の知恵 ………………… 新規

※執筆者・取材対象者の姓名・年齢・所属・記事内容等は記事掲載時のものです。

本書は『別冊 現代農業』2024年1月号を単行本化したものです。

※執筆者・取材対象者の住所・姓名・所属先・年齢等は記事掲載時のものです。

撮　影
赤松富仁
五十嵐 公
小倉かよ
木村信夫
神戸圭子
小林キユウ
高木あつ子
田中康弘
戸川嵩士
長野陽一
西山輝彦
武藤奈緒美

本文イラスト
アルファ・デザイン
市村幸子
こうま・すう
阪本卓志
角 慎作

表紙イラスト
堀口尚子

本文デザイン
川又美智子

カバー・表紙デザイン
野瀬友子

ぽかぽか　さわやか
しょうがづくし
ジンジャーシロップ、料理とお菓子、健康利用、育て方　みょうが・うこんも

2024年6月20日　第1刷発行

農文協　編

発行所　一般社団法人　農山漁村文化協会
郵便番号 335-0022 埼玉県戸田市上戸田2丁目2-2
電 話 048(233)9351(営業)　048(233)9355(編集)
FAX 048(299)2812　　振替 00120-3-144478
URL https://www.ruralnet.or.jp/

ISBN978-4-540-24123-9　DTP製作／農文協プロダクション
〈検印廃止〉　印刷・製本／TOPPAN㈱

定価はカバーに表示
乱丁・落丁本はお取りかえいたします。